Un amor en Madrid

Carlos Rodrigues Gesualdi

Un amor en Madrid

Schmetterling Verlag

Bibliografische Informationen Der Deutschen Nationalbibliothek
Die Deutsche Nationalbibliothek verzeichnet diese Publikation in der Deutschen Nationalbibliografie; detaillierte Daten sind im Internet über http://dnb.d-nb.de abrufbar.

Schmetterling Verlag GmbH
Lindenspürstr. 38 b
70176 Stuttgart
www.schmetterling-verlag.de
Der Schmetterling Verlag ist Mitglied von aLiVe.

ISBN 3-89657-791-3
1. Auflage 2010

Satz und Reproduktionen: Schmetterling Verlag
Druck: Euro PB, s. r. o., 26101 Příbram
Tschechische Republik

Índice

Prólogo: Madrid, Madrid

Bienvenidos a Madrid, la ciudad del amor

Amor Brujo abre sus puertas.

...leo en una publicidad de la calle.

«Qué bueno. Ya estamos en Madrid, la ciudad del amor», digo.

«París es la ciudad del amor, no Madrid», opina Freddy.

«Yo prefiero Madrid», insisto. Y tengo mis razones. Pero Freddy no me responde. Está muy cansado del viaje.

«No puedo creer que ya estamos aquí», exclama.

«Yo tampoco. La verdad es que estoy agotado», confieso.

«Puedes descansar atrás», responde Freddy y señala nuestra carga. «Para conocer la ciudad tenemos mucho, mucho tiempo.»

«Tres meses, exactamente», aclaro.

Estamos aquí para trabajar. He conducido con Freddy más de 600 kilómetros desde Barcelona para recorrer la capital de España de arriba a abajo.

El viaje desde Barcelona es agotador: 618 kilómetros por la A-2 (que ahora se llama también E-90) pero al fin llegamos a Madrid, la ciudad del *Amor Brujo*.

Entramos por la Avenida de América, que primero es una autopista y luego una calle ancha con edificios muy modernos.

«Mira, las Torres Blancas», señalo, pero Freddy no me responde. Está muy concentrado en el tránsito.

«Es una obra de vanguardia de los 60. Una mezcla española de Le Corbusier y Frank Lloyd Wright», explico.

«Sin duda es una mezcla», comenta Freddy.

Al fin llegamos al centro exacto de España, donde está el llamado ‹Kilómetro Cero›, la famosa *Puerta del Sol*. Es una plaza con muchísimo movimiento. Se ven coches, autobuses y taxis por todos lados, mucha gente y tiendas. Un letrero anuncia

Museo del Jamón

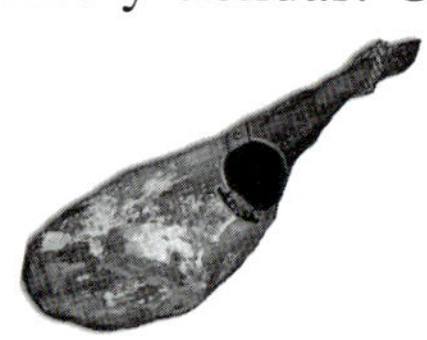

Otro indica la dirección de la célebre *Plaza Mayor*, que está muy cerca.

«¿Tú crees que podemos escribir una guía de viajes de una ciudad tan grande? Necesitamos una guía completa para la Puerta del Sol y la Plaza Mayor», exagero.

«No te preocupes. La segunda vez siempre es más fácil. Lo mismo pasa con el segundo amor, la segunda carrera en bicicleta y tu segunda casa. Además, en Barcelona nos fue muy bien con la guía. No olvides que hasta tuvimos días libres y fuimos a la playa.»

Verbos con distintas raíces

«fuimos» es la forma de la primera persona plural del indefinido de los verbos «ser» e «ir». Los verbos «ir» y «ser» (además de que tienen tres raíces) coinciden en algunas formas: una forma del subjuntivo y la que puedes comprobar aquí si completas esta tabla con las formas de la primera persona de ambos verbos:

	PRESENTE	INDEFINIDO	IMPERFECTO
SER			era
IR	voy		

Freddy es muy optimista y un gran amigo. Además tiene razón con Barcelona. Fue nuestro primer trabajo y nos ha salido muy bien. Madrid es ahora la segunda de nuestras ciudades, luego vamos a Mallorca y después a Sevilla. Estamos recorriendo España de arriba a abajo para escribir guías para jóvenes.

Nuestra guía de viajes se llama «Guía Total» y la escribimos en cinco idiomas. Cada uno de nosotros es de un país distinto. La coordinadora del grupo, Pilar, es la única española. Es experta en turismo y escribe en castellano. Flo es francesa. Es muy sensible y le encanta la poesía; es muy guapa y por supuesto escribe en francés. Emi es inglesa y muy especial. Es especialista en ordenadores y redactora de la guía en inglés. Y Freddy, el deportista del grupo, es responsable del texto en italiano. Yo me llamo Jan, soy alemán y sueño con ser escritor pero por el momento organizo nuestras finanzas.

Tenemos tres meses para escribir una guía para jóvenes sobre la ciudad de Madrid. Como dice Freddy, en Barcelona nos fue muy bien. Nuestro secreto es el trabajo en equipo. Cada uno pasea por un barrio o una calle y les cuenta a los demás cómo es. En largas reuniones muy divertidas redactamos los capítulos directamente en cinco idiomas.

«En eso tienes razón. En Barcelona resultó muy bien.»

«Claro. Y podemos comenzar en Madrid de inmediato, con el ‹Museo del Jamón›. Vamos a ver si sus bocadillos son famosos y buenos o si sólo son famosos. ¿Quieres? Me muero de hambre.»

«Ahora prefiero ir a nuestra nueva casa y encontrarnos con los demás», sugiero. Estoy diciendo la verdad, pero no *toda la verdad*. Lo que no digo es que quiero ver a alguien en especial. Y rápido. Por eso escribo en el navegador: *Calle Velarde, Madrid, Madrid.*

«¿Por qué repites ‹Madrid›?» se sorprende Freddy.

«Una es la ciudad y la otra la provincia. Se llaman igual.»

«Como New York, New York», dice Freddy.

Ingreso la dirección en el navegador. Hemos viajado tanto, que ya soy un copiloto muy eficiente.

«Buenos días y buen viaje», dice una voz de mujer.

«Buenos días, mi amor», bromea Freddy. «Qué suerte tengo, Jan: Mara se ha quedado en Barcelona pero en Madrid tengo otra chica.»

«No me digas que has olvidado tan pronto a tu novia.»

«No, claro que no. La extraño mucho; estoy desesperado.»

Freddy me ha contado mil veces su problema. Los padres de Mara, su novia, son muy estrictos y no le permiten vivir con nosotros en Madrid. Por eso Freddy habla todo el tiempo de ella, porque no encuentra una solución. A mí tampoco se me ocurre la salida para sus dificultades; pero lo escucho, porque para eso están los amigos.

«Freddy», lo animo, «estamos en una ciudad maravillosa. Aquí tenemos que encontrar la solución a tu problema. Vivimos en el siglo XXI, no en la Edad Media.»

«¿Tú vas a ayudarme?»

«Claro. Vamos a idear un plan. Pero ahora debemos descansar un poco.»

«Muchas gracias, Jan, mi amigo *alemano*», bromea Freddy y enciende el motor. Desde que nos conocemos me llama así.

! En la Puerta del Sol está el kilómetro 0 de las carreteras de España. ‹Sol›, como la llama la gente, está en el centro de la Ciudad de Madrid, que está en el centro de la Provincia de Madrid, que está en el centro de España. Antiguamente era una puerta para entrar en la ciudad antigua por el lado donde sale el sol. Hoy es una zona comercial muy turística por donde pasan las líneas 1, 2 y 3 del Metro. También es el punto de encuentro tradicional del 31 de diciembre. Ese día la gente espera las campanas de fin de año frente al antiguo edificio de Correos para brindar y comer 12 uvas (una por cada campanada). Como dice una canción, es la única ocasión en que los españoles «hacemos por una vez algo a la vez».

Freddy ha conducido más de 600 kilómetros hablando de amor. Yo también estoy enamorado; pero no le he dicho nada. Es mi gran secreto. Nadie lo sabe. Tampoco la chica que amo.

Atravesamos la Puerta del Sol y tomamos la *Calle de la Carretas*. Después de una vuelta nos dirigimos en dirección contraria por la *Calle de Espoz y Mina* para tomar la *Calle de Alcalá*, que es una calle muy comercial, con mucho tránsito. Luego cogemos la *Calle del Clave* y a continuación giramos a la izquierda en la famosa *Gran Vía*.

«La Gran Vía, Freddy», exclamo emocionado.

«Manténgase a la derecha», dice la voz del navegador.

«La Gran Vía es majestuosa», dice Freddy. Los edificios señoriales de comienzos del siglo XX son impactantes. Pasamos por la estación de metro ‹Callao› y giramos en la *Calle de San Bernardo*. Después de *Noviciado* cogemos a la derecha la *Calle de Palma*. Antes del final de la calle giramos a la izquierda en *Fuencarral* y nuevamente en la primera a la izquierda. Al fin llegamos a la calle *Velarde* y a nuestra nueva casa.

«Usted ha alcanzado su objetivo», dice la amable voz femenina del navegador.

«Gracias, mi amor», bromea Freddy.

Debemos bajar nuestras cosas de la furgoneta.

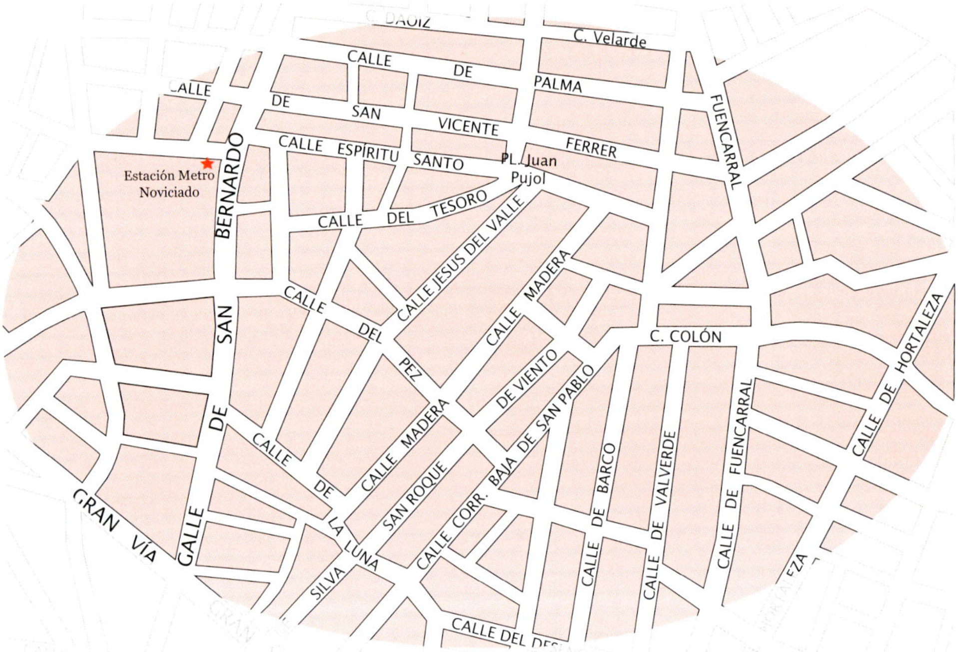

Hemos alquilado este pequeño camioncillo moderno con navegador para traer de Barcelona todos nuestros muebles. En Barcelona hemos visto que es más barato encontrar un piso viejo y tener allí nuestra oficina y nuestra casa que vivir en un hotel. Con el dinero extra que hemos ganado en Barcelona, compramos un ordenador para cada uno. En Madrid podemos comprar una furgoneta.

Nuestra misión es recorrer las ciudades más interesantes de España para encontrar las mejores discotecas, bares y restaurantes para jóvenes. No buscamos sólo los más bonitos, sino también los más económicos. Por eso debemos recorrer la ciudad de arriba a abajo. Tenemos que conocer muy bien la ciudad para encontrar sitios así.

«Quiero volver al ‹Museo del Jamón›, tengo hambre», dice Freddy.

«¿Seguro? ¿No es muy caro?»

Investigación

¿Qué es el *Museo del Jamón* de la Puerta del Sol? ¿Es un museo de verdad? Ingresa en la página web *http://www.museodeljamon.es* y elige algo de la carta. Observa las fotos y luego describe a tus compañeros de clase lo que has elegido.

Vamos a pasar tres meses en Madrid. Como en Barcelona, también aquí alquilamos un edificio antiguo para usar como casa y oficina. En Barcelona vivíamos en un edificio muy viejo, listo para demoler, que por eso era muy barato. Cuando terminamos nuestra guía, nos permitieron llevarnos los muebles con nosotros.

Por eso alquilamos este pequeño camión y vinimos a Madrid conduciendo. Nuestras compañeras de trabajo, que han llegado ayer, ya nos esperan en la casa.

Abro el ordenador portátil, el que he comprado en Barcelona, y escribo un e-mail:

----- Mensaje Original -----
Enviado: Sábado, 16 de enero

Queridas chicas:
Ya estamos en Madrid, muy cerca de casa. Necesitamos varios litros de café.
Un beso, Jan

Poco después llegamos a nuestra nueva casa. Como la otra, es un edificio muy viejo y abandonado.

«Al fin», exclamo. Desde que dejamos la M-30 hemos atravesado toda la ciudad por calles llenas de coches. Madrid es realmente enorme. Especialmente para mí, que he vivido toda mi vida en una ciudad pequeña como un pueblo.

! Con una población de más de 6 millones de habitantes y una densidad de más de 10.000 habitantes por kilómetro cuadrado, Madrid es la ciudad más grande de España y la tercera de Europa. Funciona como capital del Reino y residencia de los Reyes desde el siglo XIV. A pesar de su tamaño, no es difícil desplazarse por Madrid: la red de buses y trenes funciona muy bien, además de la red de metro, que casi siempre es la mejor opción para desplazarse por la ciudad. La M-30 que menciona Jan es una de las vías de circunvalación de la ciudad, que son grandes autovías concéntricas: M-30, M-40, M-45 y M-50. Una vista interesante desde la M-30 son las modernísimas «Cuatro Torres» al final del *Paseo de la Castellana*, construidas en la antigua Ciudad Deportiva del *Real Madrid*.

I. Un palacio con trampa

«¿Bajamos los muebles ahora o prefieres tomar algo?»

«Necesito un café urgente», contesto. Es verdad: preciso un café después de un viaje tan largo; pero no es *toda* la verdad. También quiero ver a alguien.

Por eso me alegro mucho cuando tocamos el timbre y *ella* abre el portal.

Está más preciosa que ayer. Más bonita que nunca, en verdad. La abrazo y me da tres besos.

«Que maravillosa costumbre tienen los franceses. Se besan tres veces», pienso. Los españoles, en cambio, se besan dos y los latinoamericanos una vez. Los pueblos que nos damos la mano vemos esta costumbre con una mezcla de admiración y rechazo.

«Hola Flo», digo solamente.

«Bienvenidos», sonríe ella. «He recibido tu mail, Jan. Estar siempre en contacto es genial, ¿no? Ya he preparado el café. Pobres, imagino que estáis muy cansados.»

Flo es encantadora. Y sí, es «genial» estar siempre en contacto con ella. Porque me he enamorado por primera vez en mi vida. He vivido en España tres meses y me he enamorado de mi compañera de trabajo. Por ahora, es un amor secreto; pero aquí en Madrid voy a hablar con ella.

Flo es una chica muy romántica y sensible, inteligente y guapa. Es la mujer ideal para mí. El problema es que yo no soy un hombre ideal y temo su rechazo. En Barcelona hemos salido juntos, fuimos a la playa y al museo, pero nunca he tenido ocasión de confesarle mi amor.

«Sí, estamos agotados», contesto. «¡Qué bueno verte!»

Entramos en una vieja casa señorial, un poco abandonada pero deslumbrante, con una ancha escalera de mármol en el centro, suelos de piedra y un vitral fastuoso al que sólo le faltan pocos cristales. Me recuerda los edificios que hemos visto hoy en la Gran Vía.

«Es fabuloso, ¿no?», pregunta Flo. «Un auténtico palacio.»

«¡Qué guay!»

«En cuatro meses comienzan a reformarlo por completo. Van a hacer un hotel. Este barrio se ha puesto de moda.»

Nosotros vamos a vivir aquí tres meses. Después tenemos que buscar una casa como ésta en Mallorca y después otra en Sevilla. Si la *Guía Total* tiene éxito, vamos a seguir viajando, espero que por Latinoamérica.

El futuro

Aunque en castellano hay muchas formas de futuro, se usa normalmente la forma perifrásica de «ir» + a + infinitivo.

Explica a tus compañeros de clase qué vas a hacer en tu próximo viaje (¿quizás a España?). ¿Dónde vas a vivir, qué vas a visitar/comer/probar/comprar? ¿Vas a hablar castellano? ¿Con quién vas a pasar las vacaciones?

«Bienvenidos», nos recibe Pilar cuando llegamos a la planta alta. Nos abraza y nos da dos besos. Confundido, quiero darle tres besos. A medio camino me detengo. Quedo inclinado en el aire y me siento muy ridículo, pero Pilar se ríe y me da otro beso más.

«Bueno, chico», me dice, «si tanto te gustan los besos...» Todos nos reímos.

Pilar, la coordinadora del grupo, tiene el pelo negro muy largo y enormes ojos negros. Es muy trabajadora y organizada; habla cinco idiomas y es experta en guías de viaje. Es flexible y afectuosa; pero también sabe dirigir un grupo de trabajo, cumplir reglas y criticar errores.

«Flo ha preparado el café y yo he comprado magdalenas, las primeras magdalenas que vas a probar en Madrid», anuncia. Pilar pronuncia *magdalenas* sin *g*: «madalenas»; y en su pronunciación *Madrid* termina en *z*: «Madriz».

«Y yo me he comido todos los cruasanes, lo siento», dice Emily, nuestra compañera inglesa, que nos saluda pero no nos da ningún beso.

En los tres meses que hemos pasado en España ya he aprendido que nunca hay que darle la mano a una chica. Las españolas se sorprenden cuando lo intento, sin comprender lo que quiero. A veces incluso se ríen de mí.

Conversación

Comenta con tu clase: ¿Cómo es en tu país? ¿La gente se besa? ¿Quiénes se saludan con un beso? (Los padres con sus hijos, los amigos, las parejas, nadie...?)

¿Te gusta ver a la gente besarse? ¿Te molesta? ¿Te resulta indiferente?

¿Te gusta saludar con besos o no? ¿A quién? ¿Por qué? ¿Te sientes incómodo a veces? ¿Cuándo?

Emi es experta en computación y amante de las matemáticas. Se viste completamente de negro, usa maquillaje negro y, por supuesto, en Barcelona se ha comprado un ordenador portátil negro. Curiosamente, tiene la piel muy blanca. Además es muy inteligente y un poquito solitaria; pero es una excelente compañera y una muy buena amiga.

En cuanto a mí, deseo ser escritor. Por eso viajo con la *Guía Total*, para aprender a escribir. Y también para vivir aventuras. En Madrid, además, tengo otra misión: voy a confesar mi amor. Por primera vez en mi vida. Así que cruzo los dedos y me siento para probar el café de Flo.

«Que maravilloso, vivimos en un palacio», exclamo.

«Tiene sólo un problema», explica Emi. «¡Ven!»

«¿Vas a mostrarme todo el palacio?», pregunto. Estamos en el comedor, en la planta baja. Es una sala muy amplia, a la izquierda del salón de recepción. Detrás hay una cocina y al otro lado de la recepción un enorme salón vacío. Subimos las anchas escaleras de mármol que hay en la sala de recepción, frente a la puerta de entrada.

«Voy a mostrarte algo muy importante. Tenemos ocho cuartos de baño, pero sólo tres funcionan. Escucha bien: el baño que hay en el salón de la planta baja no tiene agua. Aquí, en la primera planta, donde está nuestra oficina, hay uno que funciona; pero a la derecha del salón, al otro lado de la escalera hay otro que no tiene nada, ni artefactos ni agua ni luz.»

Observo el piso: veo la escalera y el hueco de la recepción de abajo. A la derecha hay una enorme habitación que es nuestra oficina, con un baño en la esquina de atrás, a la izquierda. Al otro lado de la escalera hay una sala vacía con el otro baño, el que no funciona, a la derecha y atrás.

«Es práctico tener un cuarto de baño en la oficina», comento.

«En la segunda planta, donde están las habitaciones, hay cuatro baños. Y ahora presta atención», Emi me lleva a la izquierda de la escalera. En la tercera planta no hay hueco sobre la recepción: todo a lo largo del frente del piso hay un pasillo con ventanas que dan a la calle y atrás están las habitaciones, todas iguales, una al lado de la otra. Solamente al fondo del pasillo hay dos puertas más angostas.

«Ésta es la habitación de Pilar y ésta la mía, aquí está la habitación de Flo y al final del pasillo hay dos baños. El de la izquierda funciona perfectamente. El de la derecha... cuidado.»

Emi enciende la luz.

«Parece un baño normal», digo.

«No es nada normal: si quieres lavarte las manos, vas a ver lo que pasa.»

Emi se queda en la puerta y yo abro los grifos de agua. Pero el agua no sale para abajo sino para arriba. Las tuberías están rotas y hasta el techo del baño se moja como en una tormenta de verano.

«Justo necesito una ducha», reconozco riendo. Es verdad. Ahora la necesito urgentemente, porque he quedado completamente mojado, empapado de pies a cabeza.

«Si necesitas una ducha, te he hecho un favor. Y no he terminado.»

«¿Hay más baños con tormentas?» pregunto. Para mí es muy divertido y muy extraño. En Alemania las casas son muy seguras y no está permitido alquilar una casa como ésta. Seguramente en España tampoco está permitido, pero los españoles son mucho más flexibles. La verdad es que es bueno para nosotros, que podemos vivir en un palacio por muy poco dinero. Me pregunto si también es más peligroso vivir en España.

Al otro lado de la escalera hay otro pasillo, exactamente igual, que comunica las habitaciones y lleva a los baños al final.

«Esta es la habitación de Freddy, esta es la tuya, aquí hay dos habitaciones libres y los otros baños. El de la izquierda funciona perfectamente y el de la derecha... presta atención.»

Emi abre la puerta y me detiene. Detrás de la puerta hay un baño normal, pero cuando Emi pone un pie dentro caen trozos del techo blanco, como una lluvia de polvo.

Plano de la casa

Dibuja un plano de las tres plantas de la casa donde viven los chicos. Señala las habitaciones y los baños. Marca una cruz sobre los baños que no funcionan y un círculo sobre los que funcionan.

«Tengo que acordarme bien cuáles son los cuartos de baño con trampa», le digo. «Lo mejor es no ducharse en estos tres meses, ¿no?»

«Para nosotros es igual, porque estamos solos», se ríe Emi. Tiene razón, pero al menos yo espero tener novia muy pronto.

Al día siguiente hemos acomodado nuestros muebles y devuelto la furgoneta de la mudanza. Madrid es enorme y tenemos mucho que ver, pero antes de comenzar a trabajar nos tomamos el día libre para descansar y conocer nuestro barrio.

Vivimos en Malasaña, un barrio que en los años 70 fue alternativo y hoy vuelve a estar de moda. Queda en el centro, cerca de la Universidad.

! El barrio de Malasaña (oficialmente «Barrio de las Maravillas») es una zona del centro de Madrid, entre las calles Fuencarral (y después Sagasta) hasta Alonso Martínez, San Bernardo, la zona de Callao y Gran Vía. En el centro del barrio está la Plaza Dos de Mayo. Además de muchos bares y restaurantes de precios razonables, es notable por sus graffitis y unos pocos hostales baratos. Allí, en la casa de Enrique Costus de la Calle Palma filmó Almodóvar su primera película y por allí se rodó una parte del film de Jim Jarmusch «The Limits of Control». El barrio cuenta incluso con su propio periódico digital: *http://www.somosmalasana.com.*

2. Malasaña está guay

Por la mañana desayunamos bien y cerca del mediodía bajamos a dar una vuelta por el barrio todos juntos.

«Aquí al lado, en esta misma calle Velarde está ‹La Vía Láctea›», nos explica Pilar. «Es uno de los sitios más famosos de la *movida madrileña de los años 70.*»

«¿Movida... qué?»

«Es un gran movimiento alternativo que hubo en Madrid tras la dictadura de Franco. Después de casi 40 años de dictadura, persecuciones y control, los jóvenes finalmente pudieron disfrutar de la libertad.

«¿Y la *Vía Láctea*?»

«Es un bar-discoteca que ha sobrevivido desde entonces. Fíjate, allí está.» A pocos pasos de nuestra casa encontramos el célebre bar de la famosa movida que menciona nuestra amiga.

«Es bonito.»

«¡Legendario! Ahora escuchadme, podemos seguir hasta la Plaza o podemos ir por allí.»

«En esa dirección parece más interesante. Vamos a conocer nuestra calle.»

No sé si Madrid es así en todos los lados, pero esta calle es genial. No hemos dado ni cinco pasos y ya encontramos sitios muy curiosos.

«Mira: una productora de música», se asombra Emi y luego me dice: «¿Tienes tu ordenador aquí? Sácalo, quiero ver qué tipo de música producen.»

✎ Imperativos

Como el infinitivo y el gerundio, el imperativo también lleva el pronombre pospuesto, es decir que se escribe detrás del verbo y junto a él. Aquí, por ejemplo, en vez de decir «Saca el ordenador» Emi dice «Sácalo».

Transforma estas estructuras en formas de imperativo con pronombre pospuesto:

Coges el metro – Compras el billete – Llevas tu maleta – Lees el periódico

Más allá hay una «Tienda Esotérica» y a su lado un pequeño local que anuncia «Tarot», luego vemos el «Club de Fans de los Ramones» entre viejas tiendas sobrevivientes de otros tiempos: una mercería, una tienda de telas...

Después hay una peluquería con un letrero negro que anuncia:

Señoras – Caballeros

«Es fascinante», dice Flo. «Esa peluquería está exactamente igual que hace... ¿cuánto? ¿Cien años? ¿Doscientos?»

«Y mira lo que hay al lado», Pilar señala una tienda completamente pintada de blanco con un cartel blanco con modernas letras que anuncian:

THE THE

«¿Todo Madrid es así?», pregunto. «Vamos a necesitar una *Guía Total* para cada calle.»

Nos acercamos a los pequeños escaparates de *The The*.

«¿Qué es? ¿Un museo?», pregunto. Adentro hay extraña ropa de otro tiempo. «Si en Sol hay un museo del jamón, por qué no un museo de ropa en Malasaña.»

«Qué bueno», se alegra Emily, «en Londres hay tiendas así. Vosotros seguid paseando. Yo me quedo aquí.»

Claro que no seguimos sin ella, por lo que entramos en el local pequeño recargado de prendas de vestir y accesorios a la moda de los años 70. Hay toda una sección de ropa negra y Emi va a verla.

Freddy revisa la sección de hombres.

«No comprendo. ¿Es ropa nueva o usada?»

«Lo importante es si te gusta», responde el vendedor. «No es posible encontrar mucha de esta ropa nueva. Algunas cosas, como las chaquetas con tela de avión, ya no se fabrican.»

«Por suerte», dice Freddy. Observa una chaqueta de esa tela, una especie de tela de plástico muy liviana, blanca por dentro y de colores brillantes por fuera, que estuvo de moda en los 80. Pilar y Florence se ríen, pero Emi los mira enojada. Yo no entiendo nada de moda y no estoy a favor ni en contra de ninguna chaqueta.

«Para ser ropa usada es un poco cara», dice Freddy, que es demasiado elegante para comprar ropa vieja, por más exclusiva que sea.

«¿Cara?», se asombra Emi. «Es regalada.»

Yo también ignoro los precios de la ropa retro, así que tampoco opino de eso y converso con el vendedor.

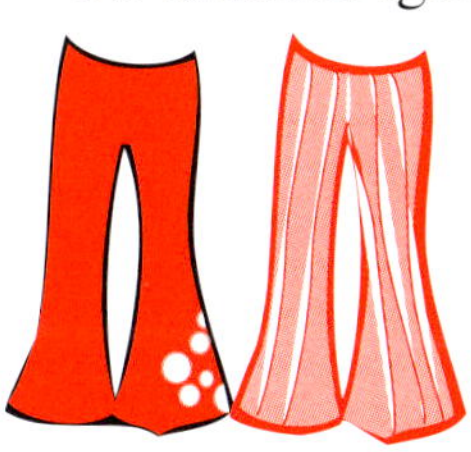

«No te interesa la ropa, ¿no?» me pregunta.

«¿Se nota?»

«Mucho», me dice, señalando mi camisa de trecking y mis pantalones cargo. «Necesitas una novia urgente. O un novio», me dice, riendo. Yo no me río de su chiste. El sentido del humor de los alemanes es bastante distinto. En mi pueblo, además, no se habla de cosas tan privadas con extraños. Ni en serio ni en broma. Él agrega: «No te preocupes, no tiene que gustarte la ropa; seguramente te gustan otras cosas».

«Claro, los libros... el cine.»

«¿Te gusta el cine?»

«Muchísimo.»

«Entonces tienes que conocer a alguien», me anuncia, y sin preguntarme si estoy de acuerdo coge el teléfono, marca un número y cruza unas palabras con alguien. «¿Tienes media hora?», me pregunta luego.

«Mis compañeros y yo tenemos todo el día. Nos hemos tomado la jornada libre antes de comenzar a escribir una guía de viajes de Madrid.»

«¿Una guía de viajes? ¿Vosotros? ¡Hombre! Hoy es vuestro día de suerte. Podéis dar una vuelta manzana y volver en media hora, que tengo una sorpresa para vosotros. A propósito: no se dice «jornada». Es correcto que significa «día», pero nadie usa una palabra tan complicada.»

«¿Vuelta manzana? Yo necesito mucho más que media hora para ver todo lo que tienes aquí», se ríe Emi.

«Yo también me quedo aquí. Media hora está bien», agrega Flo.

Así que salgo con Freddy y Pilar a dar una vuelta.

En la esquina giramos a la derecha y volvemos a girar a la derecha poco después en la Calle de Palma.

«Mirad ahí, el número 14 era la casa de Enrique Costus, donde Almodóvar filmó su primera película», nos explica Pilar.

En esta calle hay más tiendas de ropa alternativa y un hostal que parece barato.

«¿Entramos a ver el hostal?» propongo, pero me recuerdan que es nuestro día libre. Más adelante vemos una tienda vegetariana.

«Florence va a estar feliz. Qué suerte, ¿no?»

Ser vegetariano en España

Lee el artículo «Ser vegetariano y vivir en España» del periódico «El Mundo» *(http://www.elmundo.es/cronica/2002/367/1035797685.html)* y responde este cuestionario:

1) ¿Qué le prohíbe el técnico Javier Vidal al guardametas Xavier Balero?
2) ¿Hay muchos platos vegetarianos en los restaurantes españoles?
3) ¿Hay un menú vegetariano en el asador *Donostiarra* de Madrid? ¿Qué opciones tiene allí alguien que no come carne?

4) ¿Cuál es la diferencia entre ser vegetariano y vegano?
5) ¿La mayoría de los españoles están a favor o en contra del sufrimiento de los animales?
6) ¿Cuántas tiendas (o restaurantes) vegetarianas han abierto en Madrid en los últimos dos años?
7) ¿Son más baratos o más caros los restaurantes vegetarianos?

«Bravo. Ya nos podemos sentir en casa», dice Freddy. Está bromeando, pero yo acabo de llegar y ya me siento en casa. Barcelona es fascinante, pero no sé... Para mí es difícil imaginarme que vivo allí. Madrid en cambio me parece un lugar donde me puedo quedar. Barcelona es una ciudad para admirar; de Madrid, no obstante, te enamoras.

«Mira esto», exclama Freddy señalando un almacén que parece detenido en el tiempo. El escaparate está lleno de carteles escritos a mano con marcador:

Hacemos ricos bocadillos

Naranjas por bolsa

Tenemos vino

«Aquí me quedo», decido cuando veo una librería que anuncia **Libros nuevos y usados**.

Entramos. Me llama la atención que hay muchos libros de poesía.

«Tengo que venir con Flo», pienso, pero en cambio digo: «Parece que en Madrid la poesía es muy importante.»

«Claro», me contesta el librero. «Y aquí especialmente.»

«Tienes muchos autores jóvenes.»

«Me interesa la poesía joven. Creo que es la única poesía verdadera. Lo demás es historia, historia de la poesía. Es lo mismo que ocurre en un museo. El verdadero arte se está haciendo ahora, amigo; son cuadros que huelen a pintura, no a polvo. La poesía huele a tinta o a sudor.»

El librero continúa: «Te gusta la poesía, ¿no? Si entras en nuestra página web, puedes enviarnos lo que escribes. Somos tan democráticos que tú también puedes publicar tus poemas. Tú sabes: la poesía es popular o no es nada.»

Buzón de poesía

¿Es verdad que puedes publicar tus poemas en *Arrebato*? ¿Es un servicio gratuito o tienes que pagar? Compruébalo en *www.arrebatolibros.com* y coméntalo con tu clase. Ingresa en el campo «Buscar libro» la palabra «Madrid» y elige un título para comentar también con tu clase.

3. Jim Jarmusch en Madrid

Al fin volvemos a *The The*, donde Emi y Flo charlan animadamente con un chico.

«Os presento a Raúl», dice Flo. Yo siento unos celos terribles. «Conoce todos los lugares de Madrid donde se han rodado películas y nos va a mostrar los sitios donde Jim Jarmusch filmó ‹The Limits of Control›.»

«En las Torres Blancas», digo de mal humor. Todo el mundo lo sabe. Buena parte de la película transcurre en esos extraños edificios vanguardistas. Ayer pasamos con Freddy exactamente por allí cuando entramos a Madrid por la Avenida de América.

«Claro, pero también filmó muchas escenas aquí, en este barrio. ¿Te gusta el cine? Ven entonces con tus amigos, os voy a mostrar un par de sitios secretos.» Raúl, el nuevo amigo de mis amigos y mi eventual rival en el amor de Flo, baja la voz como si fuera a revelar un gran secreto.

Raúl parece un fanático de Jim Jarmusch, el presidente de su club de fans. Lleva el pelo teñido de blanco como él, jeans ajustados y Chucks rojas. Es mayor que nosotros, bastante mayor como para llevar Chucks rojas. Tal vez es también presidente del club de fans de T. C. Boyle. No quiero que me resulte simpático, pero los españoles casi siempre lo son y este sujeto, a medio camino entre un escritor famoso inglés y un legendario director de cine estadounidense, me resulta a mi pesar simpático.

«Conversé un par de veces con Jarmusch durante el rodaje», nos explica. «Es un tipo muy interesante. Y muy humilde, además.» Me pregunto si Raúl es actor. No recuerdo haberlo visto en la película de Jarmusch. Más tarde me entero de que simplemente es un habitante de Malasaña. Raúl es Malasaña en persona y por eso ha hablado con Jarmusch. Como el rey recibe a los presidentes de otros países, Raúl recibe a cuanto Cristo pase por el barrio. Como nos está recibiendo a nosotros ahora.

Raúl nos explica entonces que vive en el barrio y nos aclara por qué.

«Malasaña no tiene nada que envidiarle al Soho de Nueva York. Hasta Jarmusch me lo dijo. Y no ha sido el primero en enamorarse de la ciudad: Hemingway fue un fanático de Madrid y de las corridas de toros.»

«¡Qué horror: corridas de toros!»

«Bueno, tú sabes el complejo de macho que tenía Hemingway.»

«¿Es verdad que has hablado con Jim Jarmusch?» le pregunta Emi.

«Claro. Así es el barrio. O perteneces o no. Si perteneces, eres igual a los otros vecinos, no importa si has ganado un Óscar o eres un okupa. Yo saludo a todos aquí, desde el hombre del estanco a Pedro Almodóvar.»

«¿Conoces a Almodóvar?»

«Por supuesto, de toda la vida. ¿Queréis ver las locaciones de Pedro? Cualquiera conoce la casa de Costus, en la calle Montalbán, 7 o el bar donde rodaron «Volver» allí por el Parque Darwin... También puedo mostraros donde rodó Álex de la Iglesia, en el Edificio Atlántico de la Gran Vía. Claro que los mejores lugares de rodaje son donde se filmaron las de Jarmusch... El Piano Bar *Toni2*, por ejemplo, es un sitio bastante oculto, detrás de la estación de metro ‹Chueca›, que no muchos conocen; pero aquí cerca tenemos el bar *Conache* en la Plaza San Ildefonso. También filmaron en la calle *San Andrés*, en la calle *Tesoro*...»

El cine español

Según datos del Ministerio de Cultura, en España se han recaudado en 2008 más de 80 millones de euros con películas españolas, mientras que las estadounidenses recaudaron más de 500. Sin embargo, se han producido casi 200 películas, mientras que diez años atrás se producían 65. Por eso muchos realizadores, como Almodóvar, intentan producir películas internacionales. Curiosamente muchos directores internacionales, como Woody Allen o Jim Jarmusch se han interesado últimamente por rodar en España.

«El bar está bien», dice Pilar. «Podemos invitarte a comer algo allí.»

«Está muy cerca, mirad», nos explica. Giramos a la derecha en la calle *Corredera Alta de San Pablo* y muy poco después estamos en la plaza. Tal vez ése es el truco de Raúl; quizás no tiene que trabajar porque todos lo invitan a comer.

La calle San Pablo es vieja y tiene muchas tiendas de los años 50: una mercería, una relojería, una tienda de regalos. Lo único moderno son los graffitis que decoran todos los muros.

«Qué hermoso lugar», dice Flo. No estoy de acuerdo. La plaza es pequeña y sin encanto.

«¿No os sentís tremendamente a gusto aquí? Eso es lo que tiene Madrid: te sientes bien en cualquier lado.»

Sí, en eso tiene razón Raúl. Es una plaza pequeña, con suelos de dos colores y árboles enanos. El bar *Conache* está al otro lado. No es nada especial pero todos nos sentimos de inmediato muy bien allí.

«¿Y?» pregunta nuestro guía mientras esperamos la comida. «¿Os gusta Madrid?»

«Madrid me mata», dice Pilar. Sólo ella y Raúl, nuestro guía, se ríen. Pilar nos explica: «Era el eslogan de la ‹movida› de los 70. Hay una página web que se llama así.»

«Además, en Madrid puedes comer de puta madre en cualquier bar y a un precio razonable», nos aclara Raúl y al menos en cuanto a este bar, tiene razón. Su vocabulario es un poco exagerado, pero en España te acostumbras a ese tipo de palabras. Es que los españoles son tan apasionados, que las palabras normales no parecen bastarles; usan insultos o malas palabras con valor positivo. «Jarmusch estaba sorprendido con las hamburguesas de ‹Alfredo's Barbacoa›, me dijo que eran cojonudas y mucho más americanas que las de allá.»

Los precios en Madrid

Ingresa en la página de Alfredo's *http://www.alfredos-barbacoa.es/restaurante.php* y compara los precios de las hamburguesas con los de tu país. Ingresa en la sección «Prensa» de la página y comenta en tu clase alguna de las opiniones que encuentras allí sobre este famoso restaurante madrileño.

El estilo indirecto

El estilo indirecto en castellano tiene la dificultad de que cambia los tiempos de verbos. Aquí utiliza Raúl el imperfecto de *ser* cuando el verbo *decir* está en indefinido. Cuando alguien quiere reproducir la frase «Me dijo: son más americanas que las de allá», no puede mantener el presente «son», porque en el momento de contarlo ya es pasado. Debe entonces transformarlo en el imperfecto «eran».

Revisa el prólogo de este libro y comenta en clase:

1) ¿Qué ciudad dijo Freddy que era la capital del amor?
2) ¿Qué dijo Jan de las Torres Blancas?
3) ¿Qué respondió Jan cuando Freddy le dijo que quería ir al Museo del Jamón?
4) ¿Qué dijo Freddy de la Gran Vía?

En el bar Conache comemos muy bien: tortilla de patatas y escalopes con ensalada. Después tomamos café, nos despedimos de nuestro guía y paseamos otro poco.

Cuando se hace tarde nos preguntamos qué hacer.

«Podemos separarnos un rato», propongo. Mi plan es quedarme solo con Flo, pero Freddy me lleva aparte para pedirme: «Tenemos que hablar, amigo *alemano*. Si no tienes un plan para traer a Mara a Madrid, me voy a Barcelona y abandono la Guía Total.»

«No, no. No nos abandones. Vamos a hablar.»

«¿Y vosotros?» interrumpe Pilar. «¿Venís o no?»

«No, nos quedamos por aquí», contesta Freddy por los dos. «Pero podemos ir todos juntos a bailar esta noche. ¿Conoces un buen sitio?»

«Claro. ¿Quedamos en casa a medianoche? ¿Está bien? ¿Nos encontramos allí?»

«Espero llegar a casa antes de la medianoche», digo con esperanzas. No quiero hablar de Mara hasta entonces.

«Vamos a caminar, ¿quieres?», me propone Freddy. Andamos sin rumbo por la *Corredera Alta de San Pablo* y al girar en la *calle de San Vicente Ferrer* nos encontramos en la puerta de ‹Peor para el Sol›.

«Mira, es un famoso Pub», Freddy señala el portal naranja con grandes letras estilo graffiti.

«Podemos venir a este bar con las chicas», propongo, pero Freddy no me contesta. «Digo, esta noche...» Freddy está concentrado en su problema; no le importa adónde vamos a ir a bailar. El gran amor de su vida está en Barce-

! España es el país que más establecimientos de hotelería tiene en toda Europa y el segundo que más bares tiene. Sólo Chipre la supera. Esta información es recogida por el periódico *20 minutos*, un periódico gratuito de España *(http://www.20minutos.es)* que se reparte en paradas de autobuses y estaciones de metro.

lona y no puede pasar ni un día más sin ella. Quizás los italianos son aun más apasionados que los españoles, pero Freddy me ha dicho la verdad cuando dijo que pensaba renunciar a la Guía Total si Mara no venía a Madrid. Ahora no tengo opción. Tengo que estar con él hasta medianoche y debo buscar una solución a su problema si no quiero que se vaya.

«Es que no puedo vivir sin Mara y ella no puede venir aquí», me explica (y es lo mismo que me ha explicado mil veces). «La única solución es irme a Barcelona. Lo siento, amigo; debo dejar la Guía Total.»

«Espera, espera. Cálmate. Estoy pensando una solución», lo tranquilizo. «Pero primero dime otra cosa ¿cómo le has dicho que la quieres?»

«¿Quieres saber cómo le confesé mi amor o es que tú necesitas decírselo a alguien? Porque si tú necesitas decirlo es muy fácil. Buscas un sitio romántico y simplemente le cuentas lo importante que ella es para ti y que estás decidido a estar con ella. Debes explicarle que no puedes vivir sin ella. Luego la abrazas, le das un beso y ya está. El ambiente es muy importante. También la química. Y la suerte, sobre todo la suerte.»

Estamos cerca de la estación ‹Tribunal› y caminamos todo recto por la calle de San Vicente, donde vemos algunos locales interesantes. La pizzería ‹La Gula›, por ejemplo, y ‹Lapeluquería› (escrito todo junto).

Madrid cambia velozmente. Ahora estamos en un barrio moderno, con mucha gente joven. Cae el sol y la ciudad se pone más bonita. Encontramos el bar ‹Bukowski› donde hay anunciada una lectura de poesía para más tarde.

«¿Nos quedamos?» propongo.

«¿No me vas a ayudar a pensar un plan?» se enoja Freddy.

«Claro, claro», lo tranquilizo. Seguimos caminando. Pasamos por el ‹Mastropiero›, la pizzería ‹Gata Flora› con sus dibujos de gatos y una tienda de películas especializada en cine de autor que se llama ‹Ficciones›, como el

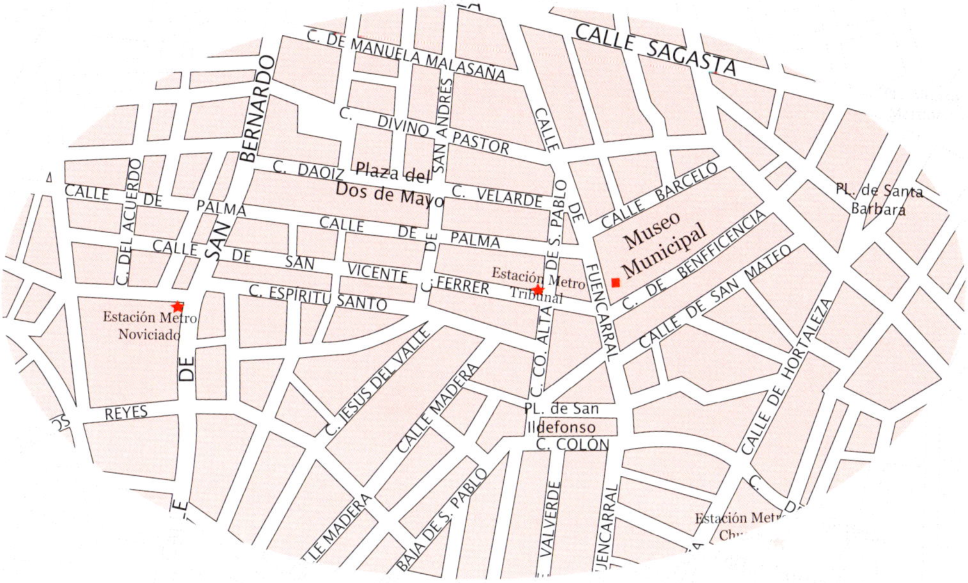

libro de Jorge Luis Borges. Pasamos un par de calles sin interés y encontramos, después de cruzar la *Calle de San Bernardo*, un sitio maravilloso en la *Calle del Acuerdo*.

«Ven, vamos a ver qué es esto», propongo y entramos en una casa antigua. Justo ahí tengo mi idea.

«Ya sé», le digo. «Ya se me ha ocurrido cómo podemos traer a Mara a Madrid».

Estamos en ‹El Patio Maravillas›. Es una vieja casa con patio central. Tienen talleres y espectáculos. Antes de irme leo el nombre de algunos talleres: *Taller de bicireparaciones y creación de engendros sobre ruedas; Cacharreo del Hamlab: Arreglos de problemas con Linux, experimentar con tecnologías, frikear; Taller de Hip-Hop.*

«¿Hay Talleres de Hip-Hop en Italia?», le pregunto a Freddy. Los españoles también son flexibles en eso. Hay muchas alternativas para jóvenes.

«¿Talleres para Hippies?», me pregunta Freddy. Piensa más en su novia que en los patios de las maravillas. «Tú me dijiste que tenías la solución.»

«Sí, ya lo sé. Jarmusch nos puede ayudar.»

«¿Jarmusch?»

«Sí. ¿Cómo se llama? Raúl, el que se parece a Jarmusch y a T.C. Boyle. Él dijo que conocía a Almodóvar. Y eso es lo que necesitamos para traer a Mara a Madrid.»

«¿A Almodóvar?»
«Sí. Él es la solución.»
«¿Tú le crees a ese hombre? ¿Crees que conoce a tanta gente?»
«Claro, ¿por qué no? Nos conoce a nosotros, al equipo completo de la Guía Total. Y llegamos a la ciudad ayer. Vamos a verlo. Si el *The The* está abierto a esta hora, le preguntas al vendedor su número de teléfono y lo llamas. Puedes tomar un café con él y le explicas tu problema. La producción de Almodóvar tiene que invitar a Mara a un casting.»
«¿A un qué?»
«A una prueba para actores, un casting.»
«Sé lo que es un casting, Jan.»
«Los padres de Mara van a estar muy felices. Imagina. Es muy importante hacer una prueba con Almodóvar.»
«Ey, no es una mala idea. Vamos al *The The*.»
«Es que yo quería...», intento, mientras veo la casa que anuncia un patio con maravillas; pero sé que es inútil, tengo que acompañar a mi amigo y no puedo ver el lugar fascinante que acabamos de encontrar con su taller de bicireparaciones y creación de engendros sobre ruedas y su Cacharreo del Hamlab con problemas de Linux para frikear.

El Patio Maravillas

¿Existen los cursos que menciona Jan? Ingresa en el link «Actividades Permanentes» en *http://www.patiomaravillas.net* para comprobarlo. Elige un taller. Cuenta a los compañeros de tu clase qué curso has elegido y cuéntales qué día y a qué hora es. Explica también por qué lo has elegido y qué esperas hacer o aprender allí.

Corremos al The The. No está abierto pero hay luz adentro. Freddy golpea en el escaparate y el mismo vendedor de hoy abre la puerta y me pregunta:
«¿Has cambiado de idea con la ropa o es que ahora tienes novio?», se ríe y señala a Freddy. Su sentido de humor es molesto, pero el chico es majo. Parece ser una especialidad de Malasaña que los personajes más curiosos te resultan simpáticos.
«Necesitamos un favor enorme», suplica Freddy y le explica mi plan.

4. La Pasión

Por la noche estamos bailando con las chicas en ‹La Pasión›, una discoteca en Santa Ana, 15 cerca del «Rastro», un mercado tan conocido de España que Pilar no quiere incluirlo en la guía; pero Freddy insiste en escribir alguna información sobre las cosas más conocidas, como este simpático punto de encuentro de los domingos en Madrid, el parque del ‹Retiro› o la Plaza Mayor.

«Nuestros lectores no necesitan que les hables del Rastro. Todos lo conocen», dice Pilar.

«No estoy seguro», opina Freddy. «Un chico de Oslo o de Ohio no tiene por qué conocer lo que tú conoces muy bien.»

«Pero puede mirar en cualquier otra guía», sugiere Emi.

«¡¿Otra guía?!», exclamo. «¿Es que hay otras guías?»

«No, eso no. No podemos obligar a nuestros lectores a leer otras guías», opina Emi.

«El concepto de la Guía Total es más bien mostrar los lugares que nadie conoce. No somos una guía completa (no podemos serlo) sino una guía especial», nos explica nuestra jefa.

«Pero no podemos obligar a nuestros lectores a leer a la competencia», opina Flo.

«En eso tenéis razón. Puedes ir al Rastro el domingo, Freddy, y nos cuentas tu opinión.»

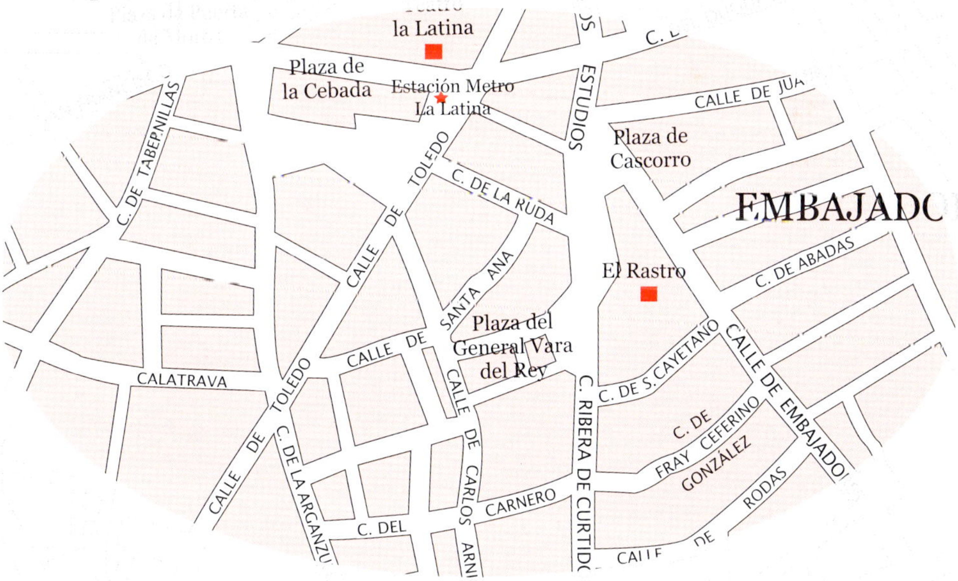

‹La Pasión› es el típico lugar de encuentro reservado para conocedores. De afuera parece un bar barato, con el nombre pintado con aerosol, sobre un fondo verde y con cortinas rojas y blancas a cuadros. Pero en verdad sólo está disfrazado de bar tradicional, como muchos sitios posmodernos. La comida es muy buena y el ambiente es muy interesante. Hay mucha gente cuando llegamos; casi todos son jóvenes, la mayoría extranjeros.

No hemos pasado ni dos minutos allí que un chico se acerca e invita a bailar a Flo.

«¡No! ¡Dile que no!» quiero gritar. «Quédate aquí conmigo», pero no digo nada. Flo sale a bailar y yo la observo con fascinación y tristeza, junto a mis amigos, que miran el lugar y la gente con interés. Freddy, como siempre, observa a las chicas como un cazador mira unos faisanes. Pilar está relajada y tranquila, pero Emi está muy inquieta.

Flo está impactante hoy, se ha puesto botas largas y una falda muy corta con un top ajustado. Lleva suelto su pelo rubio, largo y liso, pero se ha hecho también dos finas trenzas pequeñas que ha juntado detrás como en un cuadro del renacimiento. Lleva maquillaje y parece mucho mayor, más seria y más distante.

! El Rastro de Madrid

Se trata de un mercado al aire libre que se instala los domingos y días festivos cerca de la Plaza de la Cebada (metro ‹La Latina›), entre las 9 y las 15 horas. En esos días la zona es peatonal, por lo que se puede recorrer durante horas sin problemas. También se puede llegar desde la estación de Metro ‹Tirso de Molina› y desde la estación ‹Emabajadores›. Si hay buen tiempo, los bares de la Plaza de la Cebada ponen mesas en la calle. Aunque no hay un orden obligatorio para los puestos, los artesanos se juntan en la Plaza de Cascorro y los pintores en La Calle de San Cayetano. Pero hay de todo por todos lados y lo importante es la diversidad. Lo único que no se vende allí son comestibles y animales. Todo lo demás se puede encontrar en los puestos, desde ropa interior a muñecas de porcelana, cedés o discos de vinilo. Una característica típica del mercado son sus simpáticos vendedores y también los ladrones de carteras (llamados por eso carteristas) que se han vuelto ya famosos. Puedes consultar el mapa del Rastro, ver fotos y obtener información sobre los vendedores en *www.elrastro.org*.

El chico que baila con ella le dice algo. Flo sonríe exactamente de la misma manera en que sonríe cuando habla conmigo. Y en ese momento me doy cuenta de un secreto: que Flo es muy amable con todos. En este caso, por ejemplo, sonríe a su compañero de baile; pero estoy seguro de que no le interesa ese chico. A mí también me sonríe siempre y de pronto pienso que tampoco le intereso yo. Me pregunto si ya tiene novio. ¿Pero quién? ¿Freddy? ¿Tal vez son novios en secreto? Porque otro chico en la Guía Total no hay. ¿O tiene un novio en Francia? Y si es así, ¿por qué no ha contado nada de ese novio? ¿Y por qué nunca habla por teléfono ni parece ansiosa por recibir un e-mail? Tampoco ha vuelto a Francia en los días libres que tuvimos en Barcelona.

«Los del programa ‹Erasmo› vienen aquí», Pilar interrumpe mis pensamientos. Yo propuse ‹La Vía Láctea›, pero Emi no aceptó. Insistió en venir aquí y hasta me dijo: «No hay problema, si no queréis venir. Yo voy de todos modos».

Emi está de pie al lado de Pilar. Observa la gente que baila con ansiedad, como si buscara a alguien. Le toco el brazo para captar su atención.

«¿Por qué te interesa tanto este lugar?» le pregunto a Emi a los gritos, porque la música está muy alta.

«No importa», me grita a su vez.

«¿Te pasa algo?» quiero saber, porque la veo muy nerviosa. Tengo que preguntarle tres veces para conocer su historia:

«Hoy, cuando tú y Freddy os habíais ido y las chicas habían vuelto a casa, encontré una tienda de guitarras aquí cerca en la Calle de Palma que se llama ‹Zapada Jam›. Bueno. Estoy mirando instrumentos cuando se me acerca un chico. Yo me sorprendo, porque nunca se me acercan los chicos.»

Las características

Fíjate en la página de la tienda *http://www.zapadajamguitars.com* bajo *Inicio > Guitarras* en el precio de los instrumentos. ¿Cuál es la guitarra eléctrica más cara? ¿Y la más barata?

Elige una guitarra y explica a tu clase cómo es y cuánto cuesta. Para describirla, puedes usar el color, la forma, la marca y el modelo.

Cuidado con la pronunciación: en castellano se pronuncian siempre las dos vocales del diptongo **eu** como en la palabra «euro»: aunque son una sola sílaba, se distinguen los sonidos de la **e** y la **u**. Pronunciar la combinación **ue** es más difícil, al menos en España, donde tiende a una **o** o una **uo**, como en «Hasta luogo» o «Hasta logo» por «Hasta luego».

«No te creo. Estoy seguro de que los chicos siempre se acercan a hablar contigo, Emi. Eres muy bonita», dice Freddy pero no le prestamos atención porque queremos saber cómo sigue la historia.

«¿Y qué te dice el chico cuando se acerca?» pregunta Pilar.

«El chico me pregunta si trabajo allí y cuando le aclaro que no, me dice: ‹Bueno, es que así como vas vestida.› Yo le pregunto: ‹¿Qué, no te gusta?› y él me responde: ‹Me encanta›. Entonces yo me río, nos ponemos a conversar y me invita a encontrarnos aquí.»

«¿Y dónde está?» pregunto. Pero Emi no contesta. Se queda quieta, inmóvil, como hipnotizada y avanza sin pronunciar palabra, como una sonámbula en una película antigua. Sólo le falta llevar los brazos estirados hacia delante.

Más allá vemos a un chico que la observa y sonríe. Parece un actor de cine, del tipo de Gael García Bernal: muy majo y moreno, un poco bajo y muy, pero muy seguro de sí mismo. Emi se acerca. Intercambian unas palabras y se dirigen al bar. Me resulta extraño ver a Emi, tan pálida y alta, con un chico tan moreno y bajo. Aunque en verdad lo extraño a fin de cuentas es ver a Emi con un chico.

«Siempre he pensado que París es la capital del amor», bromea Freddy. «Pero al entrar a la ciudad hemos descubierto que Madrid es la capital del amor. Al menos del amor brujo, ¿te acuerdas, Jan?»

«Claro. Pero... ¿no te parece extraño ese chico?» pregunto y señalo al galán de nuestra amiga inglesa.

«No, ¿por qué?»

«Porque...» comienzo, pero realmente no puedo explicar por qué. No me gusta verlos juntos. No sé... algo no está bien. Los observo con cuidado y descubro lo que ocurre. Emi está fascinada con él, como una chica que se enamora de su joven profesor nuevo; pero el Romeo de nuestra amiga no la observa a ella sino a todas las otras chicas, y no como un chico que se enamora de su profesora nueva sino como una señora que elige tomates en el mercado.

No conozco París (sólo he llegado hasta Bruselas), pero Madrid parece ser la capital del amor. Me pregunto si en este local posmoderno estoy viendo (¡y viviendo!) una telenovela o un drama de Almodóvar. No lo sé... pero estoy seguro de que se trata de una historia de amor y que pronto, quizás muy pronto, voy a averiguar si es una comedia, una tragedia o las dos cosas.

5. Mi Top 50

«Hoy empezamos a trabajar», anuncia Pilar al día siguiente. Estamos reunidos en la larga mesa de la oficina, aun cansados pero de buen humor. «Vamos a comenzar con los museos. Ya os he enviado un mail con la lista.»

Todos abrimos nuestros ordenadores al mismo tiempo, como en una película de espías.

«Yo quiero ir al ‹Thyssen›», dice Flo, señalando su pantalla.

«Y yo al Prado», me apresuro a reservar. He abierto «Museos de Madrid» en *Google Maps* y veo que es el museo más cercano al Thyssen. El Prado está señalado con la letra «C» y el Thyssen con la «A», al Oeste del Parque del Retiro. El Thyssen, incluso, está sobre la calle que se llama *Paseo del Prado*.

«Guau, hay un ‹Museo de Cera›. Yo voy al ‹Museo de Cera›», anuncia Freddy.

«¿Y quién va al Reina Sofía?»

«Podemos ir Flo y yo, que estamos cerca», propongo. La «F» que señala el Reina Sofía está cerca de la estación de Metro ‹Atocha›, al final del Paseo del Prado.

«Muy buena idea», acepta Pilar y yo estoy a punto de gritar «Bravo».

«Yo puedo cubrir el ‹Museo de Ciencias Naturales›», propone Emi. «No, mejor... ¡Éste es para mí! El ‹Museo del Traje› en la *Avenida de Juan de Herrera*.» No lo veo en mi mapa, así que tipeo «Museo del Traje» y «Madrid» y aparece allí, cerca del Río Manzanares y de un enorme parque que se llama ‹Casa de Campo›, al Noroeste.

«También hay un Museo Africano», dice Emi y yo lo encuentro cerca de la Avenida de América.

«Y no nos olvidemos del Museo del Jamón. Yo quiero ir al Museo del Jamón», insiste Freddy.

«¡Hay un Museo del Aire!» descubre Emi en su ordenador negro. «Tal vez hay botellas de oxígeno en las vitrinas.»

«Bueno, a trabajar. A las cuatro de la tarde nos reunimos aquí. De cuatro a seis o siete más o menos.»

Pilar ha marcado con alfileres de color su mapa de Madrid.

Todos salimos con nuestros ordenadores: Freddy en su bici, con su ordenador plateado en la mochila; Emi con su cartera de cuero negra especial para ordenadores portátiles donde lleva su ordenador negro bien guardado en un bolsillo especial; yo con la vieja mochila con la que salí de Alemania donde he envuelto en un jersey mi ordenador blanco y Flo con una elegante bolsa de flores donde lleva suelto su ordenador blanco. Pilar trabaja desde la oficina y luego, en la reunión, escribe en castellano lo que nosotros le contamos.

«Bueno, hasta luego», decimos todos. Tratamos de pronunciar el saludo como los españoles: ‹Hasta logo›.

Yo estoy muy feliz porque tengo una cita con Flo en el Museo Reina Sofía, que es el lugar perfecto para confesarle mi amor.

Pero antes voy a visitar el Museo del Prado. He llamado la página del museo antes de salir y he visto que es gratuito para mucha gente, por ejemplo para estudiantes de los Estados miembros de la Unión Europea menores de 25 años, pero yo no soy estudiante. De todos modos, voy a intentar ingresar con mi credencial de la Guía Total.

También he visto que se puede llegar tanto de la Estación ‹Banco de España› como de la Estación ‹Atocha› y de varias paradas de autobús. Yo cojo el Metro en ‹Tribunal›, cambio en ‹Sol› y en un poco más de un cuarto de hora estoy en ‹Banco de España›, desde donde camino por el fabuloso Paseo, uno de los recorridos más apacibles de Madrid; con muchos árboles, poco ruido de tráfico y muchos edificios bonitos.

Para llegar al museo debo caminar varias calles. Quiero comprar flores para Flo, pero no veo ningún florista y además tengo poco dinero para las flores y necesito 8 euros para la entrada del museo. Entonces, para pensar en otra cosa y para distraerme, observo las bonitas casas señoriales. Poco después reconozco el edificio que he visto en la página web. Me recuerda una biblioteca, por su tamaño. Es enorme. No sé por dónde empezar. Voy a necesitar horas para recorrerlo.

«para» con infinitivo

En castellano la preposición «para» (que indica finalidad, destino o utilidad) se utiliza con pronombres (Jan dice: «para ella») y a veces con sustantivos («para las flores»). También se usa con verbos en infinitivo, como aquí: «para recorrer el museo». «Para» se usa para causas situadas en el futuro y que guían una actitud presente.

La preposición «por» también puede usarse como «para» con las mismas funciones, pero es más frecuente su uso con sustantivos (Jan dice: «por su tamaño») y en causas que se ubican en el pasado y que generan un efecto en el futuro.

Atención: los infinitivos llevan, como el imperativo («recórrelo») y el gerundio («recorriéndolo»), el pronombre pospuesto. Aquí en vez de «recorrer el museo» Jan dice «recorrerlo». Explica a tu clase para qué usas las siguientes cosas: ...tu ordenador?, ...el jabón?, ...zapatos?, ...patatas?, ...el metro?

Forma frases completas, lo más extensas y detalladas que puedas.

Un empleado del museo parece comprender mi desconcierto y se acerca a asistirme. Es un hombre mayor, delgado y cano, de modales muy amables.

La amabilidad en España es muy distinta a la de los alemanes. Como Raúl, que nos mostró diferentes lugares, los extraños que te ayudan pueden invitarte a tomar un café cinco minutos después. En Alemania necesitas conocerle mejor para ir a tomar un café.

«¿Puedo ayudarle en algo?»

«Muchas gracias. No sé por dónde empezar. Este museo es enorme.»

«Sí, tiene mucha razón. Por eso el museo propone tres recorridos: uno de una hora con las 15 obras más significativas, uno de dos horas con las 30 más trascendentes y otro de 3 con las 50 más imprescindibles.

«El Top 50.»

«Exacto. Claro que hay mucha gente que recorre el museo completo.»

«Yo trabajo para una guía de viajes...»

«¿Tiene algún comprobante?»

«Claro», le digo, y saco con orgullo la credencial que Pilar nos ha hecho hacer para eso.

«Permítame entonces que le acompañe», me ofrece. Entro con él sin pagar la entrada y recorro con el amable señor las salas más trascendentes para ver las 15 obras más importantes del museo.

Es un guía ideal. Con sus modales delicados me explica las obras y me cuenta por qué son tan importantes. *Las Meninas* es el cuadro que más me impacta, quizás porque mi guía me muestra al pintor, el famoso Velázquez, que se retrata a sí mismo en el cuadro, observando lo que está pintando.

«¿No es éste el cuadro del que habla Foucault?» le pregunto. Experto en pintura no soy, pero sí he leído muchos libros, incluso de autores posmodernos como Foucault.

«Es verdad, en ‹Las palabras y las cosas› habla mucho de este cuadro», me dice mi guía, que además de leer muchos libros es experto en pintura y cita un pasaje del libro: *Quizá haya, en este cuadro de Velázquez, una representación de la representación clásica y la definición del espacio que ella abre.*

La pintura

¿Y qué cuadro del famoso Museo del Prado te gusta a ti? Ingresa en la página del Museo *http://www.museodelprado.es (Inicio > La Colección > Qué ver)* y elige una obra del recorrido de una hora.

Al fin salgo del museo para encontrarme con Flo. He tardado bastante porque el museo es más interesante de lo que pensé.

El *Reina Sofía* está en un edificio mucho más moderno. De fuera parece una cárcel o un colegio del siglo XIX, un edificio serio, simétrico y oscuro, al que en pleno siglo XXI le han agregado escaleras y ascensores de cristal modernos; el contraste lo vuelve muy posmoderno e interesante.

Como no veo a Florence, me siento en un sillón de la recepción y abro mi ordenador. En Barcelona, Pilar ha contratado un servicio de Internet móvil y tenemos red en todo el país. *Pling*, el ordenador me avisa que he recibido un e-mail:

----- Mensaje Original -----
Enviado: Lunes, 18 de Enero
Te espero en la Plaza Nouvel, junto a *La Pincelada*.

Entro en el museo y pregunto: «¿Perdón, qué es *La Pincelada*? ¿Y dónde está la Plaza Nouvel?»

La Pincelada de Roy Lichtenstein

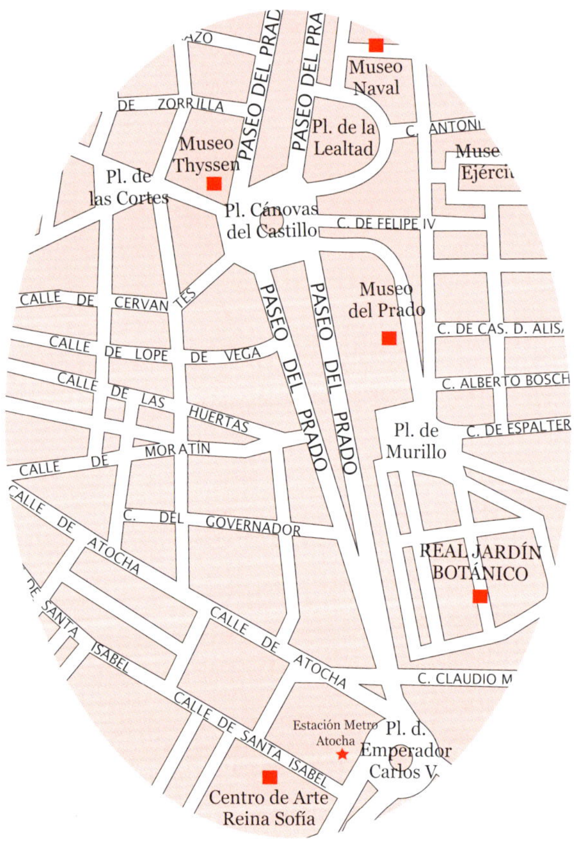

Ser y estar

Cuando se quiere conocer la identidad de una cosa se utiliza «ser», pero se usa siempre «estar» para cualquier ubicación en el espacio, incluso cuando se trata de localizaciones negativas o irreales. Redacta preguntas uniendo las tres columnas. Luego escribe las respuestas.

		«Peor para el Sol»?
		el Thyssen?
¿Qué	es	«Volver»?
¿Dónde	está	«La Vía Láctea»?
		la Gran Vía?
		la Puerta del Sol?

Un empleado muy amable me señala una dirección con el dedo y me dice: «La Pincelada, en inglés ‹Brushstroke›, fue instalada en el patio del edificio diseñado por Jean Nouvel para la ampliación del Museo Reina Sofía en 2004: el edificio principal, si le interesa saberlo, es el antiguo Hospital General de Madrid, construido a fines del siglo XVIII bajo la dirección de...»

«Muy amable», interrumpo. Me interesa mucho el Pop americano y el edificio del museo; pero estoy demasiado ansioso por encontrar a Flo. De cualquier modo, observo con atención la escultura mientras camino en dirección a donde está Flo.

La Pincelada es una escultura Pop del famoso americano Roy Lichtenstein. Es una obra mucho más interesante que las cajas «Brillo» de Warhol, mucho más abstracta y dinámica. Aquí, además, tiene un efecto muy especial. Yo siempre he pensado que Barcelona es muy cosmopolita y Madrid muy tradicional; pero ahora, en este patio tan moderno, estoy cambiando de idea, especialmente cuando recuerdo el Museo Picasso en Barcelona, ese oscuro edificio medieval. Es cierto que Barcelona ha pasado a ser uno de los centros actuales del diseño alternativo mundial, pero Madrid no es tan tradicional como he creído.

Prejuicios

¿Qué opina la gente sobre tu ciudad? ¿Tienen razón? ¿Cómo es tu ciudad para ti?

Por favor, menciona ejemplos como este: *Madrid es una ciudad con cosas muy modernas, como un museo con patio vanguardista y una enorme escultura Pop americana.*

El patio del museo ya es una obra de arte. Es impresionante. A un lado están los muros originales y al otro una estructura de cristal y acero. Sobre los dos hay un techo rojo con grandes tragaluces que le da un aire de vanguardia muy interesante.

Lo más destacado del museo es un pabellón especial para el famoso «Guernica» de Picasso; pero además posee unas 12.000 obras (de las que sólo cerca de 300 se exponen y que incluye artistas como Salvador Dalí, Max Ernst, Yves Tanguy, Alexander Calder, Juan Gris, Julio González, Antoni Tàpies, Richard Serra, Graham Sutherland y Richard Lindner) y compra nuevas obras cada año. La colección se inicia en 1881, el año en que nace Picasso, y trata de mostrar la importancia de las vanguardias del Siglo XX en España y su proyección en el mundo.

«Tenemos que poner en la guía que es imprescindible venir aquí, incluso si no te gusta el arte», me dice Flo cuando me siento en el suelo, a su lado. Está maravillosa, más hermosa que hace unas horas.

«Es increíble», exclamo y pienso: «Ahora es el momento perfecto para decirle que la amo». No puedo decirlo en ese momento, porque Flo habla primero:

«Ven, tenemos que ver el famoso ‹Guernica›.»

El Guernica es un cuadro monumental de Picasso, de casi ocho metros de ancho por tres y medio de alto, que pintó contra la brutal dictadura de Francisco Franco. El patio del museo y la escultura de Lichtenstein son deslumbrantes; pero este cuadro de Picasso es una experiencia especial. Es uno de esos cuadros que no se pueden ver en fotos.

! El museo de arte moderno y contemporáneo *Centro de Arte Reina Sofía* se propone como un lugar para reflexionar acerca del arte actual. «...un gran número de culturas han fundamentado la historia del arte en las grandes narraciones...», dicen los responsables del museo en su página web. Los museos actuales deben en cambio «...inventar formas de relación que cuestionen tales estructuras mentales». *http://www.museoreinasofia.es* > museo > misión

Entramos en la sala donde se exhibe como quien entra en una catedral. Avanzamos lentamente. Yo me quedo inmóvil observando el dolor y el horror que muestran esas figuras. Cuando miro a Florence, está llorando.

Sin vacilar, le tomo la mano y ella me abraza.

Y así, sin siquiera imaginarlo, sin esperarlo ni soñarlo, me encuentro frente a una de las obras más importantes del mundo, abrazando a la chica de la que estoy enamorado. En el Top 50 de mi vida ocupa el lugar número 1 sin discusión.

6. La casa encendida

Cuando salimos de la sala del Guernica, no hablamos durante un rato. El cuadro nos ha emocionado tanto que no podemos decir nada. Concentrados en nuestros pensamientos, recorremos un poco las otras salas sin prestar mucha atención y al fin Florence me dice:

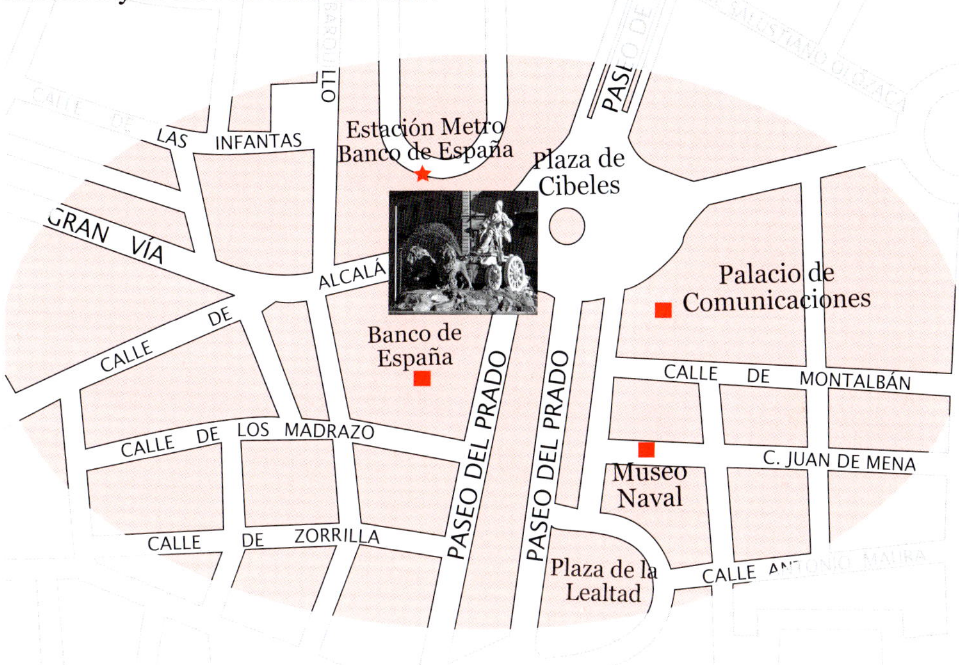

«¿Vamos a la calle? Quiero visitar un sitio. Se llama ‹La Casa Encendida›.»

«Claro», acepto. Si me dice «Vamos a nadar en *La Cibeles*» también acepto.

Rodeamos el museo y nos metemos en una calleja pequeña llamada Calle de Santa Isabel.

«Madrid es como esta calle...», trato de explicar. Quiero decirle que no tiene nada especial, pero a la vez es muy especial, por sus muros antiguos, su elegancia y su calma. Quie-

La Cibeles

La Plaza de la Cibeles es uno de los sitios más famosos de Madrid. Se trata de una plaza muy amplia y majestuosa, con la famosa fuente (de 10 000 kilos de mármol) de la diosa Cibeles en un carro tirado por dos leones. En la plaza está el magnífico Palacio de Telecomunicaciones (inaugurado en 1919) y el Palacio de Linares (de 1873) donde funciona la Casa de América. Desde la Plaza se ve también la muy conocida Puerta de Alcalá.

ro compararla con las callejas de Barcelona, llenas de secretos, pero Flo no parece interesada en el tema y yo tampoco sé bien qué decir.

La diferencia con Alemania es que las ciudades alemanas son más tranquilas en todos los lados. Aun las zonas más pobladas o más comerciales son silenciosas. Aquí, en cambio, hay zonas con muchísimo ruido y movimiento y de pronto hay sectores muy tranquilos. El contraste es muy grande. Es como en un sueño, en que uno camina por Berlín con Almodóvar y al girar en una esquina está en Kabul con Hemingway.

Vamos por esa calle hermosa y luego giramos a la izquierda y otra vez a la izquierda. Vemos casas con muros de piedra y rejas de hierro, algún pequeño restaurante, una escuela de teatro, hasta que llegamos a la *Ronda de Atocha*, que después se llama *Ronda de Valencia*: una avenida muy ancha que no es bonita. Unas calles más allá encontramos un edificio de gran tamaño con un letrero que dice **<E**.

«Ayer en la discoteca alguien mencionó este lugar. Es un centro cultural de vanguardia muy importante. ¿Entramos?»

«De acuerdo», acepto y con valor agrego, «además, quiero decirte algo.» Ahora no puedo escapar. Debo confesarle mi amor.

«De acuerdo», me contesta y pasamos del portal al patio por unas puertas de cristal. Adentro hay mesas y sillas, gente que conversa y más allá una ‹Tienda Solidaria› con productos de todo el mundo.

«¿Y aquí qué hay? ¿Cursos, talleres, exposiciones...?», pregunto, pero no me contesta Flo sino la chica que trabaja en la tienda.

«Hay cursos, talleres y muchas exposiciones», la chica sonríe. «Mira: aquí puedes ver los catálogos. También hay espectáculos y encuentros. Además de un completo centro de recursos (biblioteca, mediateca, hemeroteca, laboratorio de radio, fotográfico y multimedia) para todos los públicos.»

Inscripción

Descarga la ficha de inscripción en cursos y talleres de la página web de *La Casa Encendida http://www.lacasaencendida.es/* en la opción ‹Cursos y talleres› y complétala con tus datos y con un curso o taller de la programación. ¿Qué taller o curso has elegido? ¿Por qué?

«Me encanta este lugar», digo, cuando nos sentamos en una mesa del patio. Hay chicos con ordenadores portátiles, pero nosotros no sacamos los nuestros.

Justo en ese momento, comienza a sonar música. Es una canción tranquila pero poderosa. Otra vez creo estar en un sueño o en una película, cuando de la nada comienza a sonar la canción más conocida de la banda de sonido.

Aeropuertos, unos vienen otros
se van, igual que Alicias sin ciudad.
El valor para marcharse, el miedo a llegar.

«¿Te gusta?» pregunto para ganar tiempo. Tanto puedo referirme a la música como al lugar, la ciudad o nuestra cita.

«Mucho», me responde, sin aclarar tampoco a qué se refiere. «¿Y a ti?»

«Muchísimo.»

«¿Qué me querías decir? Has dicho que querías hablarme.»

Indefinido irregular

Muchos verbos tienen el indefinido irregular. Hay varias razones para ello y sin duda se debe al uso frecuente de esta forma, dado que el indefinido es el pasado que más se usa de los ocho que existen en castellano.
Otro factor que genera muchas formas irregulares es que las terminaciones del indefinido como

-é para la conjugación en *-ar* o *-í* para las conjugaciones en *-er* y en *-ir*

son vocales infrecuentes en la conjugación o llevan acento, lo que produce cambios en la raíz. En ese caso no se dice *dec–iste* sino *dij–iste.*

Cuidado: La segunda persona no termina en -s, como normalmente (y por eso mucha gente dice erróneamente «dijistes»). También es frecuente en los niños seguir la conjugación habitual y formar formas erróneas.

Busca tres ejemplos de verbos con raíz en *-c* y escribe las tres personas del singular.

Dejarse llevar suena demasiado bien.
Jugar al azar,
nunca saber dónde puedes terminar...
o empezar.

«Estoy enamorado de ti», digo de pronto.

Sé que soy un poco brusco, pero he esperado tanto que no quiero perder mi oportunidad.

Flo no me responde. Se observa las manos un rato. Respira hondo. Niega con la cabeza y al fin, sin decir una palabra se levanta y me deja solo en el patio de ‹La Casa Encendida›.

Un instante mientras los turistas se van.
Un tren de madrugada consiguió trazar
la frontera entre siempre o jamás.

No entiendo qué ha ocurrido y no sé qué hacer. Cuando levanto la vista, un chico de una mesa cercana me pregunta:

«¿Todo bien?»

«Ni idea», contesto con honestidad. «¿Cómo estás tu?»

«Estoy guay.»

Sonrío y añado señalando la música, o quizás la sala o la ciudad: «¿Sabes qué es esto?»

«¿La música? Es Vetusta Morla, una banda de aquí, de Madrid. Es el disco ‹Un día en el mundo›. ¿Te mola?»

«Sí, mola», contesto como un verdadero joven español, lo que me hace sentir mejor en este momento. Una vez más, siento que puedo imaginar mi vida en esta ciudad. Y tengo que hacer un gran esfuerzo para no contarle mi historia.

! Vetusta Morla es una banda de Tres Cantos (Madrid) que en 2008 editó su primer disco de larga duración, considerado «el mejor primer disco de un grupo en la historia del rock español» por el periódico de Pop Español Popes80: *www.popes80.com*. En la web oficial de la banda hay información y videos de la banda: *www.vetustamorla.com*.

«¿De dónde eres?» me pregunta el chico.

«De Alemania, pero trabajo con un equipo internacional.»

«Esto lo tienes que conocer: Andrés Calamaro», dice y cliquea en un clip de su ordenador. Es un video extraño, con gente extraña y una música curiosa, pegadiza y alegre. Veo una foto de Carlos Gardel entre muchos personajes atípicos y una y otra vez el cantante. La canción se llama «Carnaval de Brasil».

«¿Es un músico brasileño?»

«Es argentino, pero en Madrid lo adoptamos. Además vive aquí o al menos vive buena parte del año aquí.»

Las musas no son canciones urgentes,
no son asuntos pendientes,
no son martes de Carnaval de Brasil,
(tristeza nao tem fim)

«Muy internacional, ¿no?»

«Bueno, el arte actual es internacional o no es nada.»

«Tal vez te gusta este otro grupo, mira. También es internacional», me anuncia y busca algo en su ordenador.

Yo me acerco y leo en la pantalla

Niña Pija: Seducción con alma de jazz y cuerpo de rock

«No es la primera vez que un «enamoramiento musical» transoceánico iniciado en Internet concluye en el inicio de una carrera artística en común como es el caso de ***Niña Pija****. Puro sentimiento a flor de piel en su versión más íntima. Formado por la tinerfeña Pilar Prendes en las voces y pianos junto al venezolano Javier Lander en las guitarras.»*

«He visto esa foto en Barcelona», recuerdo.

«Bueno, el guitarrista, Javier, vive en Madrid y ella en Barcelona. Son una banda bastante nueva y muy original. ¿Quieres escuchar?»

El chico entra en el canal de la banda en YouTube y me muestra un par de cosas.

Y de repente me siento mucho mejor. No olvido que le he confesado mi amor a Flo y que se ha ido sin más; pero estoy en una ciudad que me encanta y no estoy solo.

Y de pronto me siento bien mientras escucho con ese chico desconocido una canción que se llama «Mi Pasión». Tengo que volver a la oficina por la reunión, pero me quedo un rato más.

Me da igual
te echo de menos
Eso nadie lo puede cambiar.

7. Entre el amor y el trabajo

«Llegas un poco tarde», exclama Pilar cuando entro en la oficina.

«Perdón. Pero descubrí una banda de música genial», me disculpo sin mucha convicción. Con la mirada busco a Flo en la enorme sala donde trabajamos; no la veo.

«¿Y Flo?»

«Ni idea», contesta Freddy.

«¿No ha llegado?»

«Tiene que venir de un momento a otro para la reunión», anuncia Pilar.

«Qué curioso. Siempre he pensado que los españoles son impuntuales», exclama Emi y agrega, dirigiéndose a Pilar: «No lo tomes personalmente. Nosotros, los ingleses, no sabemos lo que es llegar tarde.»

«No te confundas con los españoles. No se puede decir que somos impuntuales. Simplemente tenemos otro concepto de puntualidad. Si te invitan a una fiesta a las 11 y llegas puntual, encuentras a los dueños de casa bajo la ducha. Llegar puntual es una descortesía.»

«¿Y no tienes que avisar que llegas tarde, llamar por teléfono, nada?»

«¿Para qué, para sacarlos de la ducha con el teléfono?»

En ese momento suena el timbre.

«Ya bajo», grita Emi, pero yo soy más rápido y llego corriendo al portal. Necesito ver a Flo. Quiero preguntarle qué le ha pasado en ‹La Casa Encendida›.

Pero en la puerta no está Flo sino un chico guapo, seguro de sí mismo y con sonrisa de perdonavidas. Lo reconozco: es el doble de Gael García Bernal, el chico que Emi conoció en la tienda de guitarras y que le invitó a bailar en ‹La Pasión›.

«Deja, que es para mí, Jan» anuncia Emi desde la escalera. Baja, pasa a mi lado, abre la puerta y lo abraza. Es tan alta que el chico desaparece en su abrazo.

Otro amor brujo. Qué ciudad. Hasta Emily se ha enamorado.

La verdad es que los dos forman una pareja extraña. Emi es pelirroja, pálida y viste completamente de negro; el chico parece un actor de moda, moreno y bronceado. No me pongo feliz por mi amiga. Me pregunto si estoy celoso.

Subo lentamente las escaleras de mármol.

«Ey», escucho a mis espaldas. No es Emi sino Flo, que viene a la reunión.

«Flo, ¿cómo estás? Estaba preocupado.»

«Sí, lo siento. Tengo que explicarte algo.»

«Claro, lo que quieras.»

«Pero no ahora. Tenemos que trabajar y yo necesito un poco de tiempo. Me has tomado muy de sorpresa con lo que has dicho.»

«Chicos, a la reunión», grita Pilar desde arriba de la escalera.

«Voy», grita Emi, y le da un último beso al chico.

«Nosotros subimos también», contesta Flo y luego me dice a mí: «Ya vamos a hablar...»

«Sí, cuando quieras», acepto. Qué ciudad. Y qué día: hoy he sido impuntual por primera vez en mi vida y he confesado mi amor a la chica de mis sueños. He visto la pintura más impactante del mundo y una escultura fabulosa. Además he descubierto un grupo de música genial, cuya canción repito en voz baja mientras subo la escalera:

Me da igual
te echo de menos...

Ahora tenemos nuestra primera reunión por la Guía Total en Madrid. Como lo hemos hecho en Barcelona, cada uno cuenta lo que vio y los demás lo escriben en su idioma. Pilar, que escribe en castellano, completa nuestros relatos con datos que conoce o ha investigado en otras guías o en la web.

El misterio del «le» y «lo»

En castellano hay dos criterios para utilizar «lo» o «le» como objeto directo. Con objetos femeninos es fácil: se sustituyen siempre por el pronombre «la» (plural «las»). Con objetos masculinos es más complicado: en España se utiliza normalmente para personas «le» (les) y para cosas «lo» (los). En Latinoamérica, sin embargo, se prefiere usar «lo» (los) tanto para personas como cosas. No es nada fácil comprender el uso de estas reglas, pero precisamente porque es tan caótico, es prácticamente imposible equivocarse.

Escribe frases con «lo/le/la/los/les/las» para reemplazar los objetos directos en estas frases.

Ejemplo: *Nosotros narramos <u>nuestro paseo</u>. Pilar <u>lo</u> escribe en castellano.*

Jan ha confesado <u>su amor</u>. Él...

Flo necesita <u>tiempo</u>. Ella...

Emi besa <u>al chico</u>. Ella...

Emi conoció <u>al chico</u> en la tienda. Ella...

Comenzamos con la reunión.

«El museo del traje», dice Emi. «He visitado el museo del traje. Está bien.»

«¿Qué quieres decir con ‹está bien›? Por favor, Emi, ¿puedes concentrarte un poco?» Pilar es siempre cariñosa y amable; pero también es la jefa del equipo y puede ser muy dura si es necesario.

«Perdón», Emi abre su ordenador negro y nos cuenta los detalles. «Bueno, queda un poco apartado, al noroeste de la ciudad, cerca de la Universidad Complutense y más o menos cerca de la estación de metro ‹Ciudad Universitaria› o de ‹Moncloa›, pero se puede llegar por los autobuses 46, 83, 133, F, G, I, U. Es un museo interesante, organizado para mostrar la evolución de la vestimenta y la moda, especialmente de la moda española. Hay una sala entera para Balenciaga, por ejemplo. Tiene un área didáctica interactiva y una cafetería donde se puede comer.»

! Cristóbal Balenciaga es el más famoso diseñador de ropa español y creador de la marca de alta costura que lleva su nombre. Nació en el País Vasco en 1885 y murió en Valencia en 1972. Mantuvo estricta reserva en su vida privada y fue tan famoso que vistió a muchas estrellas del momento, como Marlene Dietrich y los Reyes.

«...und auch ein Café, wo man essen kann», escribo en mi ordenador blanco.

«...avec caféterie et restaurant», escribe Flo en un ordenador igual que el mío, pero que se distingue porque lleva dos pegatinas: una dice ‹Barcelona, la millor botiga del món› y la otra ‹De Madrid al cielo›.

«...con una caffetteria dove si può mangiare», escribe Freddy en su ordenador plateado.

«A propósito: el edificio es maravilloso», completa Emi. «Si no os interesa la moda pero andáis por allí, os aconsejo mucho entrar a tomar un café.»

Aunque no estamos muy concentrados, la reunión es productiva como siempre. Estamos habituados a trabajar juntos, nos encanta el trabajo y nos llevamos bien. Como equipo funcionamos perfectamente.

Nuestra oficina aquí es también más bonita que en Barcelona: muy grande y con esos amplios ventanales. La luz es magnífica aquí como lo es en la ciudad. Quizás por eso los madrileños están siempre de buen humor, porque la luz es fabulosa y hay mucho sol.

En ese enorme salón, nuestra mesa de reuniones se ve pequeña y solitaria.

Después de la reunión, todos tienen algo que hacer.

«Álvaro está por llegar», explica Emi, como si todos supiéramos que su sospechoso galán se llamaba así.

«No te olvides de explicarle lo de los baños. No queremos que un invitado termine mojado de pies a cabeza o cubierto de yeso como un fantasma.»

«No me gusta ese chico», le digo a Freddy por lo bajo; «pero no me hagas mucho caso, porque estoy de mal humor.»

«Voy a hablar por teléfono», anuncia Freddy, que tal vez no me ha escuchado.

«Nos vemos», dice Flo sin mayores explicaciones y se va también.

«¿Pasa algo?» se interesa Pilar. Todos se han ido y yo me he quedado en mi sitio.

«No... no te preocupes. No es nada. ¿Vas a salir?»

«Unos primos que viven en Madrid me han invitado a comer con ellos y unos amigos», dice Pilar, que tiene familia en todas las ciudades donde vamos. «¿Vas a quedarte aquí solo? ¿Quieres escuchar un CD?» me pregunta y pone *Play* sin esperar mi respuesta.

Estoy de mal humor, confundido e inquieto. Todos salen y yo me quedo aquí, solo como Clark Kent en la *Fortaleza de la Soledad*, tan distraído o concentrado que primero no escucho el CD que ha puesto Pilar pero canto por lo bajo la canción:

Me da igual
te echo de menos
Eso nadie lo puede cambiar.

Camino hasta los ventanales. Ahora oigo la música de Pilar. Es interesante: lenta, con algo de *road movie*, con mucha guitarra. La escucho con atención. Me imagino que es la música que toca un hermano de Juanes que nació en Madrid:

...me sigues gustando
te sigo soñando
es esta la forma
que tengo cariño
de demostrarlo.

Busco la tapa del CD: «Depedro» leo. Para no pensar en Flo entro en la web a ver quién es. Necesito distraerme y hoy parece ser el día de la nueva música.

Grabación

Busca en la página de Depedro *http://www.depedro.net* los datos que investiga Jan y completa: CD «Depedro»

nombre del guitarrista: grabado en:

el día: grupo invitado: influencias musicales:

Compara los resultados con tu clase. Escucha el «Depedro Player» a la izquierda de la página y comenta a tu clase tu opinión sobre su música. ¿Estás de acuerdo con Jan en que parece una versión española de Juanes?

8. ¡No hay más habitaciones!

«¡Jan! ¡Tienes que escuchar las novedades!»

Freddy entra en la oficina corriendo. Está feliz como un niño en Navidad.

«¿Qué ha pasado?»

«He hablado con el Jarmusch. ¿Y sabes qué? Es verdad que conoce a la producción de Almodóvar. Y eso no es todo: Almodóvar prepara una nueva película y ha comenzado a hacer castings.»

«Eso quiere decir que...»

«...que Mara va a venir a Madrid.»

«Qué bueno. Me alegro muchísimo por ti.»

«Sí, tengo muchísima suerte... gracias a tu ayuda.»

«¿Y le has informado a Mara?»

«Mucho mejor que eso, la propia productora «El deseo» la ha llamado para una prueba de cámara.»

El Deseo

«El deseo», la productora de Pedro y Agustín Almodóvar queda en la calle Francisco Navacerrada 24. Ingresa en el Callejero de Madrid *http://callejero.paginasamarillas.es/home.asp* y busca cómo se llama la estación de metro más cercana. Luego entra en el mapa del metro de Madrid y busca las líneas 5 y 2 que pasan por allí. ¿Cómo puedes ir de la productora a la oficina de Guía Total que queda cerca del ‹Tribunal› (líneas 1 y 10)?

«¿Y qué han dicho los padres?»

«Están felices. Pero, ¿sabes qué? Vienen con ella.»

«¿En serio?»

«Muy en serio.»

«Pues invítalos a vivir aquí. Hay sitio para todos.»

«¿Aquí? Los padres de Mara no me deben ver. Si saben que yo estoy en Madrid van a prohibirle a Mara que me vea.»

«Este es el problema: no te conocen. Tienen que venir aquí y reconocer que eres encantador y que quieres mucho a su hija. Tú sabes, algunos padres en España son así. ¿Cómo son en Italia? En Alemania no es ningún problema si una chica de la edad de Mara se encuentra con un chico. Incluso puede vivir con él.»

«En Italia... depende. Si es la hermana de otro, no me molesta. Pero si mi hermana quiere vivir con un chico sin casarse...»

«¿Lo dices en serio?»
«Sí, pero...»
«¿Qué?»
«No sé. Los padres de Mara... No tengo valor para llamarles.»
«No te preocupes, yo les llamo. Al fin y al cabo, no te olvides que conociste a Mara conmigo.»
«Claro, en el Triangle en Barcelona. ¿Cómo voy a olvidarlo?»
«¿Cuándo es el casting?»
«En tres días.»
«Entonces tengo que llamar ya.»
«Aquí tienes el teléfono», dice Freddy y me da su móvil con el número en el display.
Los padres de Mara son muy amables y se alegran de mi llamada. Aceptan la invitación y me anuncian que llegan al día siguiente.
«Tenemos que acomodar toda la casa y arreglar dos habitaciones para ellos. No hay ni un minuto que perder.»
«Podemos pedirle ayuda a las chicas.»
«Claro», dice Freddy. Vamos a la habitación de Flo, pero encontramos un cartel en la puerta que dice «No molestar»; golpeamos la puerta de Emi, que nos grita de adentro: «No se puede», y en la habitación de Pilar no hay nadie.
De modo que nos ponemos a arreglar las habitaciones a solas. Cuando terminamos, es tan tarde que caemos agotados en nuestras camas.

Por la mañana, cuando vamos a desayunar encontramos caras nuevas:
«Hola chicos, soy Pedro, un amigo de Pilar.»
«Más que amigo, es mi primo», aclara Pilar.
«No se puede decir que somos primos de verdad. Somos primos en tercer o cuarto grado. Tú eres Freddy y tú Jan, ¿no? Pilar me ha hablado mucho de vosotros. Un gusto conoceros.»
Nos damos la mano y se presenta el otro invitado.
«Hola. Yo soy Álvaro», dice el chico que estaba ayer con Emi, «nos conocimos en *La Pasión*.»
«*La Pasión*, *El deseo*, *Mi Pasión*, ¿todo en Madrid tiene esos nombres tan ardientes?» pregunto.
«Vaya, es verdad. Lo dices por el nombre de la productora de Almodóvar, ¿no? Sí, los españoles tenemos esa fama de apasionados.»
«No será por ti», bromea Emi, «que eres un tipo tan cerebral.»

«¿Por qué lo dices?», me intereso. «¿Es experto en ordenadores como tú?
«No. Álvaro es músico y actor.»
«Bueno, trabajo más como actor pero me gusta más la música. Ahora estoy preparando con unos amigos una obra de teatro con música en vivo. Una mezcla de concierto y actuación. Una especie de *performance*.»
«Qué interesante.»
«Si quieres, puedes ver un ensayo. Estamos aquí, en el barrio.»
«Qué bien. Podemos ir todos juntos.»
«Con Mara. ¿Sabéis? Mañana llega Mara. La he invitado a vivir con nosotros. Espero que no haya problema, Pilar.»
«Claro que no. La casa es muy grande.»
«Sin embargo, tenemos pocos baños.»
«Baños tenemos, el problema es que algunos son trampas mortales.»
«Ahora podemos poner un cartel de ‹No hay más habitaciones›», bromea Emily y le da un beso a Álvaro.
«Yo también me quedo entonces, si hay lugar», dice Pedro.
«Y yo, si me invitáis», se suma Álvaro.
«Bueno, no os he contado todo. Mara no viene sola», reconoce Freddy al final.
«¿Viene con una amiga? No hay problema.»
«No. Con sus padres, que no son gente muy moderna. Por eso, ya hemos empezado a recoger y limpiar la casa.»
«Freddy, esta vez sí que nos has sorprendido.»
«Bueno, por suerte la casa es grande.»
«Buen día», dice Flo, que llega a desayunar, «veo que me he perdido algo.»
«Nosotros nos hemos perdido tu presencia», dice Álvaro sin ninguna vergüenza.
«Te has perdido muchísimo», cuenta Pilar. «Mañana viene Mara con sus padres.»
«Y nosotros, no te olvides de contarle que nosotros también nos quedamos aquí», bromea Álvaro.
«Déjame que haga las presentaciones primero», pide Raúl.
«¡Alto, alto! Es mucho para mí. Antes necesito un café.»

Al fin, después de desayunar salimos a trabajar.
Mientras las chicas visitan las tiendas del centro, Freddy recorre con su bicicleta muy velozmente la zona de Moncloa y yo paseo por Tetuán, donde es-

tán las famosas «Torres Kio», que parecen caer una sobre otra como torres inclinadas de Pisa, y el estadio de fútbol «Santiago Bernabéu» del club Real Madrid.

Freddy es fanático de los deportes. Seguramente tiene mucho interés en el estadio. A mí me gusta mucho el fútbol, pero prefiero ver los partidos por la televisión. Lo que seguramente es una buena idea es recorrer la ciudad en bicicleta. Tengo que preguntarle a Freddy si no es muy peligroso.

A mediodía, Freddy y yo nos encontramos en casa. Hemos recorrido nuestras zonas muy velozmente para tener unas horas antes de la reunión. Para Freddy no es difícil, porque es muy veloz con su bici. Yo he andado por Tetuán (no la ciudad del norte de Marruecos, sino el barrio de Madrid), donde lo más importante se ve de lejos y donde a nadie se le ocurre entrar a esos edificios donde están los jefes de los bancos y centros financieros del país. Es un barrio muy grande y seguramente hay cosas interesantes para descubrir, pero hice ya una cita con Freddy para el mediodía.

Cuando llego, Freddy ya me está esperando.

«Qué suerte que has llegado» me dice. «Te he comprado un bocadillo.»

Lo pruebo. Está delicioso. No sólo el jamón es delicioso en España. También el pan con que se hacen los bocadillos es una delicia.

«Debemos arreglar todo perfectamente. Tú sabes, los padres de Mara son muy tradicionales», me anuncia Freddy entre dos bocados.

«Imagino que no van a quedarse aquí si no les gusta. Debemos dejar todo perfecto.»

Bicicletas en Madrid
Aunque los españoles adoran el ciclismo, es decir las carreras de bicicletas (por eso organizan la famosa «Vuelta a España»), no utilizan mucho la bicicleta como medio de transporte. A pesar de eso, existen rutas interesantes para ir en bici en Madrid, como puede verse en la página de los *amigos del ciclismo www.amigosdelciclismo.com/rutas/madrid*. También se pueden aprovechar los alrededores de Madrid para practicar Mountain Bike. Hay posibilidades de alquilar bicicletas, como puede verse en la siguiente lista: *www.pedalibre.org/alquiler_bicis.htm*. Alquilar una bici cuesta aproximadamente lo mismo que un billete combinado de metro para 10 viajes.

«A ver... Aquí, justo al lado de mi habitación hay dos habitaciones libres. Podemos arreglar esas dos habitaciones y el comedor. Sólo tenemos que aprovechar nuestros mejores muebles.

«¿Qué quieres decir con ‹aprovechar›...?»

«Vamos a hacer un *collage* con los muebles de todos. La mejor cama, la mejor mesilla, las mejores sábanas. Traemos lo mejor de toda la casa. No tienen por qué ver las otras habitaciones.»

«Es una idea brillante. Y también tenemos que limpiar todo. No hay tiempo que perder, vamos.»

Nos ponemos a trabajar. Recorremos toda la casa recolectando las mejores cosas.

Pilar tiene la mejor cama; las sábanas de Flo están recién lavadas; Emi tiene un escritorio antiguo muy elegante y Flo una cómoda con espejo estilo *Imperio*. Freddy tiene la silla que combina bien con el escritorio de Emi y yo un taburete a juego con la cómoda.

A la tarde, cuando llegan las chicas para la reunión, la casa está impecable, el comedor limpio y ordenado, los cristales relucientes y la habitación de Mara y la de sus padres parecen esas habitaciones que se muestran en los folletos de los hoteles de cinco estrellas.

Interrumpimos nuestra tarea para la reunión. Pasamos un par de horas escribiendo informes sobre las distintas zonas que hemos recorrido hoy de la ciudad. Cuando terminamos, recibimos varias visitas.

Primero es Pedro, el primo de Pilar, que viene a la oficina y nos saluda. Es un chico amable y cariñoso. No siento celos de él, por el contrario, ya me parece uno más del grupo. Qué bueno si puede seguir con nosotros el viaje a las otras ciudades. Pero no sé. Se nota que Emi y Freddy están muy enamorados, pero Pilar parece más una amiga de Pedro que una novia. Tal vez porque es su primo, aunque es un primo lejano, como nos ha aclarado. Quizás, por eso no quiere enamorarse.

«¿Vamos a bailar esta noche?» propone Raúl que también acaba de entrar.

Luego llega Álvaro, el galán universal y el amor de Emi, que también sube a saludarnos en la oficina.

«¿Tenéis planes para esta noche? Hay un lugar que no puede faltar en ninguna guía: ‹La Botellita›.»

En ese momento Freddy recibe un mensaje de texto en su teléfono móvil.

9. Curiosas visitas

«Ya llegan», anuncia Freddy después de leer el mensaje de texto. «Mara y sus padres están cerca de aquí.»

Poco después suena el timbre. Freddy está muy nervioso. Nos pide que nos quedemos allí mientras él baja a abrir la puerta.

Nosotros esperamos en la oficina y Freddy lleva a sus invitados a ver sus habitaciones. Luego viene a la oficina donde estamos todos para presentárnosles.

Acentuación: las palabras compuestas

Hay pocos casos de palabras compuestas en castellano, como «paraguas» o «blanquiceleste»; pero muchas palabras aceptan sufijos (como la terminación -mente) o pronombres pospuestos, como aquí el infinitivo «presentar» lleva el reflexivo *nos* y el objeto indirecto *les*. La regla de acentuación es un poco compleja:

a) Si la palabra original lleva tilde, la conserva: fácil > fácilmente.

b) Si no lleva tilde pero la necesita para conservar la acentuación de la palabra base, la toma, como aquí «presentárnosles». Lo mismo ocurre con los imperativos: toma un taxi > tómalo.

Reemplaza en las siguientes preguntas el objeto directo y el indirecto por pronombres.

¿Quieres comerte el último trozo de tortilla? Está muy buena.

¿Puedes imaginarte tu futuro? Yo no.

¿No piensas afeitar tu bigote? Te queda espantoso.

¿No vas a comprar un periódico para ti? El mío quiero leerlo yo.

¿Quieres probar el bocadillo? No sé si lleva mayonesa.

«Un sitio encantador, gracias por invitarnos», dice el padre de Mara. Es un hombre muy pequeño, como un personaje de historieta, con un bigotito tan fino que parece tatuado y con muy poco pelo. Camina como un muñeco de madera o un soldado, muy rígido y serio. «Os confieso que nos gusta viajar, pero hoy en día los hoteles son pocilgas.»

«Tú eres Jan, ¿no?» me dice la madre de Mara, «qué gusto en conocerte». Es una señora pequeña como su marido, muy amable y cariñosa. «Muchas gracias por la audición que has conseguido para Mara. Y nada menos que con Almodóvar. El gran Almodóvar. El único director de cine español que tuvo éxito en los Óscar.»

«Bueno, es la productora de Almodóvar», aclaro. Y agrego: «Otros tres directores ganaron un Óscar: José Luis Garci, Alejandro Amenábar y Fernando Trueba por la maravillosa ‹Belle Epoque›.»

«Bueno, pero la señora tiene razón», dice el gran galán universal, «Almodóvar es el único que tuvo éxito de verdad, porque ganó dos veces un Óscar y también estuvo nominado. Eso quiso decir la señora. Además la productora de los Almodóvar es muy importante. Una productora internacional con muchos premios.» El galán oficial se adelanta y se presenta a los padres de Mara: «Yo soy Álvaro Iglesias, encantado. Y tú tienes que ser Mara, la actriz. ¡Mira qué casualidad! Yo soy actor. Para este fin de semana he invitado a todos los amigos aquí presentes a un ensayo. Espero que vengas... con tus encantadores padres. Y esta noche vamos todos juntos a bailar a ‹La Botellita› para festejar tu llegada. Tus padres pueden venir, pero creo que el programa no es adecuado para ellos.»

La calle Serrano

Se la conoce como «La milla de oro» porque allí están las tiendas más caras de la ciudad. Hace poco tiempo se ha reformado por completo: se han construido aparcamientos subterráneos antirruido, se ha ensanchado la calle, delimitado un carril de bicicleta y reordenado el tránsito. Es una de las calles más bonitas de Madrid y es ideal para recorrer en bicicleta.

«¿Dónde está ‹La Botellita›», pregunta Emi. Se ha sentado en la gran mesa de reuniones y abre su ordenador.

«En la calle Serrano», dice el gran galán.

«Sí, ‹La Botellita› es un sitio muy agradable», agrega el primo de Pilar. «¿Vas a buscarlo en Internet?»

«Ya lo tengo en la pantalla: Calle Serrano, 63. Aquí dice que es gratis.»

«Es verdad. No pagas entrada, y se llama así porque te sirven las copas con esas botellitas muy pequeñitas.»

«Como de mini bar.»

«Como de mini bar. Exacto.»

«¿Y los precios?»

«Están bien. El único problema es que a veces hay mucha gente.»

«¿Puedo ofrecerles un café?» pregunta Freddy y se lleva a los padres de Mara a la cocina.

En ese momento Flo sale de la oficina. Yo voy detrás de ella, pero Mara me detiene.

«Hola Jan, qué gusto verte otra vez», me da dos besos. «Disculpa a mis padres, son así de tradicionales, pero son buenos también. Han venido hasta aquí para acompañarme, ¿no son un encanto?»

«Claro que lo son, especialmente tu madre», digo y vamos a reunirnos con los otros a la cocina. Freddy está muy serio. Él también parece un actor, uno que actúa en el rol del novio perfecto para una chica conservadora: el yerno ideal. Sirve café y cruasanes y se sienta a conversar.

«Jan, amigo, toma una taza con nosotros», me invita. Yo me siento al lado del padre de Mara. Freddy está enfrente mío y la madre de Mara a su lado. Luego se suma ella al grupo. Se sienta a mi lado, lo que me llama la atención, porque tiene una silla libre al lado de Freddy.

Conversamos un rato y también me llama la atención que Mara casi no mira a mi amigo. Me pregunto si mis sospechas son verdaderas y Freddy es el novio de Flo. Pero luego pienso que no puede ser. ¿Por qué ha invitado a Mara si es el novio de Flo?

«¿Tienen planes para hoy?» pregunto a los padres.

«Queremos invitaros a cenar.»

«Después podemos ir a bailar con los demás», propone Mara.

Freddy no contesta. Como yo, se da cuenta de que algo no funciona. El gran reencuentro con el amor de su vida parece más de una comedia de enredos que una película de amor. Recuerdo esa película de Almodóvar, «Mujeres al borde de un ataque de nervios». Todo es así de confuso, aunque no tan divertido.

Antes de ir a cenar con los padres de Mara busco a Flo por toda la casa pero no la encuentro. Y cuando más tarde volvemos de la cena, encontramos una nota que pone:

Estamos en La Botellita, Calle Serrano, 63. Os esperamos.

Necesito ver a mis amigos después de la cena que he tenido. La madre de Mara es encantadora pero no opina de ningún tema: «Mi marido es el que sabe» opina cuando alguien le pregunta algo. El padre de Mara no sólo camina como un soldado de madera: tiene la cabeza de madera también. Ha opinado que la dictadura de Franco «le hizo mucho bien al país» y que «el arte moderno es horrendo. Yo nunca pondría un Picasso en mi salón».

Mara estuvo toda la cena con nosotros, pero ha sido como si no estuviera. Todo el tiempo me ha parecido como si estuviera pensando en otra cosa. Y no le ha hablado a Freddy ni una sola vez. No soy ningún experto, pero creo que

Mara no tiene interés en Freddy. Es curioso: tampoco creo que Pilar tiene interés en Pedro o Álvaro en Emi. En cuanto a Flo, es un verdadero misterio.

«¿Madrid es la ciudad del amor brujo?», le pregunto a Mara.

«¿Le gusta ‹El amor brujo›, joven?» me pregunta el hombre del bigotillo tatuado. Yo sonrío.

«Es una gran obra de Manuel de Falla», comenta la madre de Mara. «Parece música de gitanos, pero es como el ‹Bolero› de Ravel, un ejercicio de composición. Dicen que Debussy le aconsejó en París componer con aires de flamenco. Pero creo que ‹El amor brujo› lo compuso en Madrid.»

La verdad es que sentí un gran alivio al salir a la calle. Y para distraerme, en casa busqué la obra de Falla y encontré una versión que se puede escuchar en el *Project Martha Argerich* (*http://www.rsi.ch/argerich* donde dice «Opere») y vi en YouTube el video de la «Danza del fuego» en la película de Carlos Saura, con Antonio Gades y Cristina Hoyos.

Después de leer la nota en casa, nos subimos a un taxi los tres y nos vamos a ‹La Botellita›. En el taxi nadie habla ni una palabra.

De afuera parece un club de gángsters de Chicago o un club de jazz de Londres como se ven en las películas.

Adentro tiene mesas apoyadas contra los muros y una larga barra. Es un sitio elegante y la música pop es muy buena. Pido una botellita en la barra para mí y otra para Mara. Freddy toma isotónicos por su deporte, cerveza sin alcohol o refrescos. Bebemos sin hablar, como desconocidos. Mara coge su vaso y sin decirnos nada se va por el local. Freddy y yo nos quedamos en la barra. Observamos a la gente bien vestida que baila animada. Nosotros en cambio no estamos nada animados.

«¿Me parece sólo a mí o el gran reencuentro con Mara no funciona?» pregunto.

«No funciona en absoluto. No puedo creerlo. Parece una desconocida. Sólo espero la prueba con Almodóvar para que vuelva a Barcelona.»

«No digas eso, seguramente encontramos una solución.»

«¿Tú crees?»

«Hola chicos», dice Emi, que nos ha visto en la barra y se ha acercado. «Bonito lugar, ¿no?»

Yo observo el local. A Pilar no la veo por ningún lado. Busco al galán profesional Álvaro pero no lo veo. Temo encontrarlo con Flo, pero al rato lo descubro bailando con Mara. Poco después es Flo la que me encuentra a mí. Se acerca y me dice:

«¿Podemos hablar?»

«Por supuesto», contesto y la sigo hasta una mesa libre. Me siento.

10. Al final, las revelaciones

«Tengo que explicarte algo. Espero que entiendas. Por favor, por favor, por favor.»

«Claro, cómo no voy a entenderte, Flo. No tienes que pedirlo y mucho menos repetirlo.»

«No es tan fácil», afirma convencida.

«Flo, estoy enamorado de ti. Puedo entender cualquier cosa que digas.»

«No creo. Insisto: no es tan fácil.»

«Sólo dímelo.»

«Jan: estoy casada.»

«¡¿Qué?!»

«Casada. ¡Mira!» Flo me muestra su dedo anular. En efecto, lleva un anillo de casamiento. He estado tan, pero tan lejos de la verdad que ni siquiera he notado su anillo.

«¡¿Cómo?! ¿Por qué...? ¿Cómo...?»

«Es una larga historia. Me casé muy joven, los dos crecimos, naturalmente, y cambiamos. Ahora estamos en una pausa. La Guía Total me dio y me da una oportunidad perfecta para tomar distancia. En un año y medio lo voy a pensar otra vez. No sé si quiero seguir con él o no, pero como comprendes, no puedo estar ni contigo ni con otro ahora. Nos hemos prometido pensarlo durante un año y medio. No puedo traicionarlo en ese tiempo.»

Yo me quedo en silencio. No escucho más la música ni veo a nadie a mi alrededor. No sé qué decir.

«¿Tienes hijos?»

«No, claro que no. Por eso estoy aquí.»

«Es increíble. Qué tragedia.»

«No sé si es una tragedia; sí te dije que no es fácil de entender. Pero quiero ser tu amiga. Me gusta conversar contigo; me gusta visitar los museos. Tú sabes, en otra situación...»

«Claro, sí», contesto y me pregunto por qué no tengo la suerte que tiene su marido.

En ese momento se acerca Freddy. Parece tan desesperado como yo.

«¿No visteis a Mara?»

Flo señala una esquina del salón. Mara está en un sillón, completamente oculta por Álvaro, el actor más encantador del mundo, que la abraza y la besa.

«Madrid me mata», dice Freddy y se sienta a nuestro lado, abatido.

«La ciudad del amor brujo», digo con tristeza. «¿París también es así?» le pregunto a Flo, que sonríe con melancolía.

Voy a la barra. Es muy larga pero está llena de gente. Detrás hay anaqueles con un fondo claro iluminado donde se alinean las pequeñas botellitas que dan nombre al local. La decoración minimalista le da al sitio un ambiente especial; pero yo no estoy de humor para disfrutarlo. Pido una bebida isotónica para Freddy, que dice que el alcohol es veneno para un deportista; un agua con gas para Flo, que no come carne ni bebe alcohol, y lo mismo para mí, que estoy tan enamorado que hasta pienso ser vegetariano.

Terminamos nuestras bebidas en silencio y cuando se nos acerca Emi, los cuatro volvemos a casa a pie.

La Calle Serrano es muy bonita. Demasiado elegante para mi gusto, pero muy bonita. Vemos algunos bares y discotecas interesantes, pero nadie tiene ganas de entrar.

Vocabulario

Entra en la guía del ocio *www.guiadelocio.com*, elige la ciudad de Madrid y la opción «Tarde y Noche». Busca sinónimos en los textos para:
discoteca:
bebidas:
lugar:
También busca tres adjetivos para «bar» y tres para «ambiente».

«¿Vamos hasta el Parque del Retiro?» propone Flo, pero ella es la única que quiere todavía caminar. «Tenemos que venir un domingo. Me han dicho que hay música tipo candombe africano por la tarde, cerca del lago con la estatua de Alfonso XII.»

«El domingo no voy a salir de mi habitación. Y ahora vamos a casa. Quiero dormir y olvidarme de ese... de ese...», Emi no encuentra la palabra adecuada.

Conocemos ya un poco la ciudad, así que hacemos eses hasta la *Calle de Almagro*, que después de la estación de metro ‹Alonso Martínez› se transforma en la *Calle de San Mateo*. Aquí la ciudad es elegante y más homogénea, con árboles y amplias plazas.

«Me encanta caminar por Madrid de noche», digo de pronto, pero sólo Emi me contesta.

«Yo lo único que quiero es meterme en la cama y olvidarme de ese... de ese...», repite y tampoco ahora encuentra la palabra adecuada.

Sólo nos perdemos una vez antes de llegar al mercado de Fuencarral pero pronto estamos en casa. Ninguno de nosotros quiere hablar; como una procesión silenciosa nos vamos a nuestras habitaciones.

La noche en blanco
Este festival de artes tiene lugar cada año entre septiembre y octubre. Se desarrolla en instituciones tradicionales y en las calles y espacios alternativos de Madrid. El Metro, como muchas exposiciones, tiene abierto el primer día hasta las 3 de la mañana. El programa completo se puede ver en *http://lanocheenblanco.esmadrid.com.*

Al día siguiente somos nosotros cuatro (Flo, Freddy, Emi y yo) los primeros en bajar a desayunar.

«Salgo ya a trabajar», dice Emi. «Sólo necesito un café. No quiero ni pensar en lo que pasó anoche.»

«Yo tampoco», confirma Freddy, «mejor olvidarse de todo.»

Yo sonrío. Flo sonríe. Nosotros no tenemos nada que olvidar. He tenido la mala suerte de enamorarme de una chica casada, pero nadie me ha abandonado ni me ha traicionado. Tampoco me han rechazado. Quién sabe. Si espero hasta el final de este año y medio, quizás tengo posibilidades.

«¿Sabéis algo de las Noches Blancas?» pregunto. «He leído que en otoño se hacen también en Madrid, pero aquí se llaman ‹noches en blanco›.»

«¿Las Noches Blancas? Ahora que estoy sola, todas las noches van a ser noches en blanco», dice Emi lo que hace sonreír también a Freddy.

«Yo he estado en París en las Noches Blancas», comenta Flo. «Es un gran festival de artes que se hace en algunas ciudades del mundo.»

«Tal vez podemos volver todos juntos al terminar las guías.»

«¡Está bien! Y después ir a París, a Bruselas... Podemos escribir otra guía: ‹Las Noches Blancas de arriba a abajo›», digo. La idea de recorrer Europa con Flo me encanta, incluso si está casada. Pero ni Emi ni Freddy se muestran interesados.

«También podemos escribir ‹Latinoamérica de arriba a abajo›», propongo. Mi sueño es viajar por el mundo con mis amigos y con Flo.

Ella sonríe, pero nuestros compañeros están muy serios. Observan sus tazas de café como mensajes imposibles de descifrar.

«¿Y Pilar?» pregunta Emi poco después.

«La he visto antes de bajar a desayunar. Fue a La Botellita anoche pero no se quedó mucho rato. Ahora está con su primo. Los dos me han saludado y se han ido al baño, Pilar al que está al lado de la habitación de Flo y su primo al que está al lado del cuarto de Mara.»

En ese momento escuchamos voces en la escalera. Yo subo a ver qué pasa. Me asomo al pasillo a ver quién se ha levantado.

«Oh, buen día, amigo Jan», me saluda el padre de Mara. «He oído que habéis vuelto tarde anoche. Nosotros vamos a lavarnos los dientes y ya bajamos.»

Sonrío sin entusiasmo. Estoy cansado, un poco triste y necesito un café. Bajo las escaleras.

«Los padres de Mara han ido al baño», anuncio al entrar en la cocina.

«¿Al baño?» pregunta Flo. «¿A qué baño? Si Pilar y el primo...»

«No hay problema, Freddy les explicó lo de los baños. ¿No, Freddy?»

Freddy se golpea la frente con la mano. No les ha contado a los padres de Mara que en el enorme palacio donde vivimos sólo funcionan dos baños y que los otros son trampas peligrosas.

En ese mismo instante sentimos un estruendo y luego un grito. Después un ruido de agua y otro grito.

Unos segundos después, los padres de Mara bajan la escalera enfurecidos: la madre cubierta de yeso blanco y el padre empapado, mojado de los pies a la cabeza.

Nosotros debemos hacer un gran esfuerzo para contener la risa.

«¡Mara!» grita el hombre bajito del bigote tatuado. Poco después, la ex novia de Freddy baja las escaleras con el galán Álvaro, el actor y músico multifuncional que la abraza.

«¿Se puede saber qué haces con ese... *hombre*?» el padre pronuncia la palabra como si fuera un insulto.

«Es mi nuevo novio», explica Mara. «¿Qué te ha pasado?»

«Nos vamos ya mismo de aquí. A un hotel. ¡Esto es una vergüenza! ¿Cuántos novios vas a tener? ¿Uno por semana?»

Los padres suben a buscar sus cosas y Mara va detrás. Álvaro marcha tras ella. Intenta arreglar una cita antes de que desaparezca de su vida.

Nosotros nos quedamos sentados, sin decir una palabra, con nuestras tazas de café en la mano.

«¿Algún problema?» pregunta Pilar cuando llega a la mesa. «He escuchado gritos.»

«Sí», agrega Pedro. «¿Nos hemos perdido algo?»

«Nada muy importante, no te preocupes», le digo.

«Por el contrario, ahora tenemos un problema menos», dice Freddy.

«Tres problemas menos. Y el cuarto problema menos es ese... ese... bueno, ese tipo al que no voy a ver más en mi vida», explica Emi.

«Buenos días, Pilar y Pedro. ¿Os sirvo café?» cambia de tema Flo.

Epílogo: Cuando el amor termina

Dime mujer
cuando el amor termina
¿sabes tú adónde va?

Eso dice un poema de Gustavo Adolfo Bécquer, el gran poeta romántico que murió en Madrid. Yo no sé adónde va el amor que termina, pero sí sé adónde vamos a ir nosotros después de nuestra historia en la ciudad del amor brujo, que termina, como tarde o temprano todo termina.

Desde el momento en que nuestras historias de amor llegaron a su fin y nadie más tuvo novio, nos dedicamos a trabajar muchísimo. Tanto, que terminamos antes y nos ha quedado una semana libre.

Ahora podemos descansar y planear el próximo viaje. Esta vez vamos a Mallorca, la isla preferida del turismo. Me pregunto si puede ser interesante para nosotros también.

En la semana que nos ha quedado libre he aceptado la propuesta de Flo de ser amigos. Ahora que no tenemos que trabajar, buscamos todas las mañanas algo para hacer, por ejemplo, hemos paseado un día entero por la zona de *La Latina* y hemos estado en un sitio donde hacen danza y teatro muy bonito que se llama ‹La Dínamo› y que consultamos antes en *www.ladinamo.org/local*. Cerca de allí hemos encontrado una «biblioteca autogestionada» que se llama ‹La Biblio› en la calle de Santa Ana. Además, hemos comido churros magníficos en esa calle, muy sabrosos y muy baratos. Es un barrio hermoso, con calles angostas mucho menos elegantes que las de Malasaña pero muy divertidas y con muchos jóvenes. Madrid es fascinante: puedes comer en cualquier esquina a precios razonables y siempre hay cosas apasionantes que descubrir.

El impersonal «haber»

La forma impersonal «hay» y el verbo «estar» se usan con el sentido de *existir* o de *ocurrir*; «hay» siempre en singular y con objetos imprecisos o indefinidos cuya localización no depende de un solo lugar mientras que «estar» se usa con objetos precisos. La diferencia es confusa para los estudiantes del idioma pero tan clara para los hispanoparlantes que ni el Diccionario de la Real Academia ni el de María Moliner mencionan el problema.

La diferencia entre ambos usos tiene que ver con la necesidad de distinguir entre alguien que busca la panadería donde trabaja su amigo y alguien que sólo quiere comprar unos cruasanes; entre alguien que ha sufrido un accidente y necesita un hospital y alguien que quiere ver a su novia enfermera.
Hay casos confusos, como los nombres propios (se dice: «¿Dónde está El Corte Inglés?» o «¿Dónde hay un Corte Inglés?») o los adjetivos más generales, como «mucho», «poco» o «nada».
Elige entre «hay» y «está(n)» para las siguientes preguntas:

		muchos bares y discotecas?
	hay	nuestro coche?
¿Dónde		muy poca gente?
	está(n)	Pilar?
		tu bicicleta?
		churros ricos y baratos?

También fuimos a ver un grupo de música: *Canteca de Macao*, una banda de nueve chicos que empezaron hace poco en las calles de Madrid y que mezclan el flamenco con el ska. Es fabuloso verlos y su música es ideal para bailar.

En cuanto a bailar con Flo, sí, aún me entristece un poco verla en una discoteca o en un concierto; especialmente cuando la veo bailar. Es tan guapa y me gusta tanto que me pongo melancólico, pero simplemente me gusta mucho estar con ella. Así que hemos ido a bailar casi todos los días a discotecas de distinto estilo: bailamos salsa en ‹La reina de Cuba› en la Avenida Alberto Alcocer, 33 cerca del metro ‹Colombia›; pop en ‹Fragel Pop› en Belén, 6 del Centro y hasta jazz en ‹Moe› en Alberto Alcocer, 32, también cerca del metro Colombia. No me he hecho vegetariano, pero sí he comido como ella algunas cosas que no tienen carne y que se pueden pedir en todos los restaurantes: tortillas de patatas, buñuelos de acelga, gazpacho, guisantes con patatas, pastas; y también torrijas y muchos postres excelentes: crema catalana, flan, buñuelos, leche frita, natillas, quesadilla. No es muy fácil encontrar comidas sin carne en los restaurantes, pero España es un paraíso para el que disfruta de los dulces. Como casi vegetariano que me he vuelto en estos días que he estado con Flo, he probado postres maravillosos. En cuanto a beber agua mineral con gas, como lo hace Flo, es curioso cuando estás al mediodía en un restaurante y todos beben vino. Pero siempre es curioso en España, no sólo porque beben alcohol a mediodía, sino porque comen muchísimo y muy pesado: entrada, plato principal y postre, siempre con carne, con cosas fritas, con aceite de oliva. Si uno tiene problemas de peso, debe prestar atención en España.

Ayer, justo antes de salir para Mallorca, hemos ido a la librería ‹Arrebato›, la de aquí cerca, esa que se especializa en poesía, y hemos pasado horas mirando libros. He pensado comprar las *Rimas* de Bécquer para regalarle a Flo pero no me he atrevido.

«¿Qué lees?» le he dicho a Flo en un momento. Es una pregunta poco original: el día que la conocí le pregunté lo mismo y se lo pregunté otra vez en la librería del Triangle en Barcelona. Ella no parece recordarlo o no le molesta, porque sólo me responde:

«Lo que llaman ‹la Generación Poética del 2000›.»

Leo la cubierta del libro: *Bajo la lluvia equivocada* y comento: «Bonito título».

Flo pasa las páginas y me recita:

Soy joven.
Tengo mucho deseo que perder.

Yo me siento muy desdichado porque ella está casada. Soy joven y no quiero perder mis deseos. Espero dentro de un año estar con ella cuando decida olvidar a su marido. Ya he pasado seis meses con ella y son los mejores de mi vida.

Para mejorar mi humor compro la famosa novela de Arturo Pérez Reverte «El Club Dumas».

Cuando llegamos a la caja, el vendedor nos dice:

«Vosotros sois los de la guía de turismo, ¿no?»

«¿Te acuerdas?»

! El capitán Alatriste

Así se llama el personaje de una serie de novelas del escritor Arturo Pérez-Reverte situadas en Madrid durante el llamado Siglo de Oro español. Se trata de una reutilización del tradicional género de espadachines, propio del siglo XIX. La más conocida de estas novelas es «Los tres Mosqueteros» de Alexandre Dumas. De allí viene el nombre del Club Dumas que lleva una de las novelas. De la serie donde el protagonista es el Capitán Alatriste, Pérez-Reverte ha escrito muchos episodios en colaboración con su hija, todas con la calidad de un género y el encanto de un personaje que se ha vuelto indispensable en la cultura de la ciudad.

«Hombre», afirma.

«¡Qué memoria!»

«Memoria de poeta. Y ahora que veo que te gusta *El Club Dumas*, oye, el Ayuntamiento de Madrid organiza un paseo por los sitios donde transcurren las novelas de Reverte. Se llama algo como ‹El Madrid del Capitán Alatriste›. Tienes que averiguarlo en la oficina de la Plaza Mayor.»

«Muchas gracias, me interesa mucho. Lástima que ya nos estamos yendo a Mallorca. La próxima vez.»

«La próxima entonces, si es que vuelves.»

«Por supuesto que voy a volver», contesto sin dudar. Estoy seguro de que voy a volver. No más llegar he pensado que en Madrid puedo sentirme en casa. Aunque al principio no parece tan impactante como Barcelona, es una ciudad donde uno tiene la sensación de sentirse en casa. Al menos yo, que después de tres meses, puedo imaginar fácilmente vivir aquí. Con Flo, por supuesto. Lo que no me gusta mucho es tener que irme de la ciudad del amor brujo.

«¿Quieres contarme qué te ha gustado más de la ciudad?»

«Uf, son tantas cosas...»

Es que realmente me han gustado muchas cosas. Siento que conozco muy poco esta enorme ciudad; pero tengo la sensación de que la entiendo bien. Aquí va entonces mi lista con los Top 10, las cosas que (para mí) son imprescindibles ver en Madrid:

- El Guernica y patio del museo Reina Sofía
- La calle Serrano
- El Parque del Retiro
- Los barrios: Malasaña, Lavapiés, Noviciado... casi cualquier barrio de Madrid es ideal para caminar sin plan y descubrir cosas
- Los restaurantes económicos
- Las librerías: todas, desde las enormes del centro a las pequeñas y especializadas
- Los grupos de música nuevos
- Los centros culturales: La Casa Encendida, el Patio de las Maravillas, etc.
- Las churrerías que se encuentran en cualquier barrio (en la calle de Cervantes 9 (detrás del Thyssen), en la Calle de las Peñuelas 6 (cerca de la Casa Encendida), por ejemplo)
- El Paseo del Prado

No puede ser casualidad; pero todos nosotros hemos vivido un amor en Madrid. El equipo completo de la Guía Total ha tenido su historia de amor. Y a propósito, aún no he contado qué pasó con los demás durante esta semana libre.

Freddy hace deporte todo el día; ya ha recorrido toda la ciudad en su bici para olvidarse de Mara y ahora se dedica a los puntos de interés cercanos: conoció Toledo y muchos pueblos castellanos. Está muy en forma y casi ha recuperado su buen humor.

Emi ha encontrado justo en nuestro barrio un sitio donde entretenerse: el *Club de Admiradores de los Red Hot Chili Peppers*, donde todos tienen el mismo sentido del humor que ella. En cuanto a los chicos, ha prometido elegir mucho mejor la próxima vez.

Pilar se ha ido con su primo a visitar parte de la familia que vive por Badajoz. Está decidida a no enamorarse, porque aún debe viajar un año y porque Pedro es de la familia, pero le gusta mucho estar con él y no quiere resolver nada aún.

Flo y yo disfrutamos nuestra amistad, o como se llame. Creo que ella se siente a gusto así y no he vuelto a hablarle de amor. Ya sabe que en un año voy a estar esperando su decisión. En ese año vamos a disfrutar estar juntos, que es lo único importante para los dos.

Cada uno a su manera descansamos y nos preparamos para nuestro nuevo desafío. Esta vez nos espera un escándalo en Mallorca. Nos vemos allá. «Hasta logo» entonces, como lo pronuncian los madrileños.

Vocabulario

Prólogo

carga (f.)	Last, Ladung
nos fue bien	es lief gut für uns
navegador (m.)	GPS
campana (f.)	Glocke
campanada (f.)	Glockenschlag
uva (f.)	Traube
bromear (intr.)	scherzen
extrañar (tr.)	vermissen
desesperado, -a	verzweifelt
ocurrirse (prnl. c. 2 pr.)	einfallen (Idee)
girar (intr.)	ab-/einbiegen
furgoneta (f.)	Transportwagen, Kleintransporter
señorial	herrschaftlich
alquilar (tr.)	mieten; vermieten; leihen
económico, -a	günstig
demoler (tr.)	zerstören
desplazarse (prnl.)	sich fortbewegen
red (f.)	(Verkehrs-)Netz
circunvalación (f.)	Umgehung(sstraße)

Capítulo 1

rechazo (m.)	Ablehnung, Abweisung
vitral (m.)	Kirchenfenster
trampa (f.)	Trick; Falle
tocar el timbre	klingeln
vidrio (m.)	Glas; Glas-/Fensterscheibe
fastuoso, -a	prunkvoll
guay	cool, toll
afectuoso, -a	herzlich; liebevoll
cumplir reglas	sich an die Regeln halten
por supuesto	selbstverständlich
cruzar los dedos	die Daumen drücken; die Finger kreuzen
salón de recepción (m.)	Empfangsraum
artefacto (m.)	Artefakt, Apparat
hueco (m.)	Lücke, Loch

pasillo (m.)	Gang, Flur
parecer (intr.)	(er)scheinen; aussehen
grifo de agua (m.)	Wasserhahn
mojarse (prnl.)	nass werden
empapado, -a	durchnässt
detener (tr.)	zurückhalten; festnehmen
quedar (intr.)	verbleiben; hier: liegen (Ortsangabe)

Capítulo 2

tras	nach
quedarse (prnl.)	bleiben
enojado, -a	verärgert; unwillig
regalado, -a	geschenkt; sehr günstig
marcar un número	eine Telefonnummer wählen
dar una vuelta manzana	um den Block gehen; spazieren gehen
(director) técnico (m.)	Trainer
guardameta (m./f.)	Torhüter, -in
marcador (m.)	Edding, Filzstift

Capítulo 3

como si fuera a revelar un secreto	als ob er vorhätte, ein Geheimnis zu enthüllen
a cuanto Cristo	wer auch immer
corrida de toros (f.)	Stierkampf
okupa (m./f.)	Hausbesetzer, -in
estanco (m.)	Kiosk in Spanien
locación (f.)	Filmset
recaudar (tr.)	sammeln (Geld)
mercería (f.)	Kurzwarenladen
suelo (m.)	Boden
enano, -a	kleinwüchsig; mickrig
en cuanto a	hinsichtlich, bezüglich
escalope (m.)	Schnitzel
andar sin rumbo	ziellos herumlaufen
confesar (tr. e intr.)	beichten, gestehen
caer (el sol)	untergehen (die Sonne)
pasar (intr.)	vorübergehen, vorbeilaufen
apreciado, -a	geschätzt, angesehen, beliebt

acabar de hacer algo	gerade eben etwas getan haben
engendro (m.)	Kreatur
molesto, -a	ärgerlich, störend

Capítulo 4

recorrer (tr. e intr.)	durchlaufen, abklappern; umherziehen
puesto (m.)	Verkaufsstand
artesano (m.)	Kunsthandwerker
cartera (f.)	hier: Brieftasche
volverse (prnl.)	werden
aerosol (m.)	Spray(dose)
trenza (f.)	Zopf
como si buscara	Subj. Imp.: als ob sie suchte
como un sonámbulo	wie ein Schlafwandler
estirado, -a	ausgestreckt; langgestreckt
a fin de cuentas	überhaupt, letztendlich
averiguar (tr.)	herausfinden

Capítulo 5

cera (f.)	Wachs
alfiler (m.)	Stecknadel
cartera (f.)	hier: Handtasche
envolver (tr.)	einwickeln (in Papier etc.)
credencial (f.)	Akkreditierung
apacible	friedlich
desconcierto (m.)	Verblüffung; Verwirrung
cano, -a	grauhaarig
imprescindible	unentbehrlich, unerlässlich
avisar (tr.)	Bescheid sagen, benachrichtigen
tragaluz (m.)	Dachfenster
acerca de	über
vacilar (intr.)	zögern

Capítulo 6

calleja (f.)	Gasse
mencionar (tr.)	erwähnen
hemeroteca (f.)	Zeitungsarchiv
referirse a (prnl.)	sich beziehen auf

valor (m.)	Mut
marcharse (prnl.)	weggehen
el miedo a	die Angst vor
azar (m.)	Zufall
hondo, -a	tief
negar con la cabeza	den Kopf schütteln
madrugada (f.)	Tagesanbruch
trazar (tr.)	(ein)zeichnen, ziehen (Linie)
molar (intr.)	gefallen, antörnen
pegadizo, -a	einprägsam; ansteckend
tinerfeño, -a	aus Teneriffa
sin más	ohne Weiteres
echar de menos (tr.)	vermissen

Capítulo 7

perdonavidas (m.)	Angeber, Maulheld
celoso, -a	eifersüchtig
tomar de sorpresa	überraschen
duro, -a	streng, hart
distinguirse (prnl.)	sich unterscheiden, sich auszeichnen
yeso (m.)	Gips, Putz

Capítulo 8

no deber	nicht dürfen
agotado, -a	erschöpft
ardiente	heiß; feurig; inbrünstig
(hombre) cerebral	Verstandesmensch
mortal	tödlich
recoger (tr.)	aufräumen
perderse algo (prnl.)	etwas verpassen
sin vergüenza	ohne Hemmungen, unverschämt
¡alto!	hier: Stop!
aprovechar (tr. e intr.)	(aus)nutzen
alrededores (m.pl.)	Umgebung, Umland
taburete (m.)	Hocker
a juego con	passend zu
impecable	makellos; tipptopp, ordentlich
mensaje de texto (m.)	SMS

Capítulo 9

historieta (f.)	Comic
pocilga (f.)	Schweinestall
antirruido	lärmmindernd, lärmgedämpft
yerno (m.)	Schwiegersohn
sospecha (f.)	Verdacht
enredo (m.)	Verwicklung; Intrige
alivio (m.)	Erleichterung
en cambio	hingegen, wiederum

Capítulo 10

ni siquiera	nicht einmal
ni ... ni	weder ... noch
traicionar (tr.)	betrügen; verraten
abatido, -a	geknickt, niedergeschlagen
anaquel (m.)	Regalbrett, Fach
veneno (m.)	Gift
incluso	selbst, sogar, eben
estruendo (m.)	Krachen, Getöse

Epílogo

buñuelo (m.)	Kringel; Krapfen
acelga (f.)	Mangold
torrijas (f. pl.)	«Arme Ritter» (Süßspeise)
natillas (f. pl.)	Cremespeise
quesadilla (f.)	Käsekuchen
desdichado, -a	unglücklich
género de espadachines	Mantel- und Degenroman

Abreviaturas – Abkürzungen:
m. = masculino; f. = femenino; tr. = verbo transitivo; intr. = verbo intransitivo; prnl. = verbo pronominal; c. 2 pr. = con dos pronombres; refl. = verbo reflexivo; P. = Persona; Sg. = Singular; Pl. = Plural; Subj. Pres. = Subjuntivo Presente; Subj. Imp. = Subjuntivo Imperfecto